Direito para Startups

Direito para Startups

MANUAL PRÁTICO – DA IDEALIZAÇÃO AO EXIT

2022

Coordenação
Helder Galvão
Luís Barreto Xavier

ALMEDINA

DIREITO PARA STARTUPS
MANUAL PRÁTICO – DA IDEALIZAÇÃO AO EXIT
COORDENAÇÃO
Helder Galvão, Luís Barreto Xavier
EDITOR
EDIÇÕES ALMEDINA, S.A.
Rua Fernandes Tomás, n.os 76-80
3000-167 Coimbra
Tel.: 239 851 904 • Fax: 239 851 901
www.almedina.net • editora@almedina.net
DESIGN DE CAPA
FBA.
PRÉ-IMPRESSÃO
EDIÇÕES ALMEDINA, S.A.
IMPRESSÃO E ACABAMENTO
DPS - DIGITAL PRINTING SERVICES, LDA
Setembro, 2022
DEPÓSITO LEGAL

ALMEDINA | GRUPOALMEDINA

BIBLIOTECA NACIONAL DE PORTUGAL – CATALOGAÇÃO NA PUBLICAÇÃO
DIREITO PARA STARTUPS: Manual Prático – Da Idealização ao Exit
Coord. Luís Barreto Xavier, Helder Galvão
1ª ed. – (Abreu Advogados)
ISBN 978-989-40-0724-1
I – XAVIER, Luís Barreto
II – GALVÃO, Helder
CDU 347

PREFÁCIO

Não basta uma ideia nem se faz do pé para a mão. E não, não é fácil. Lançar uma startup nunca me pareceu fácil. Durante a minha carreira no jornalismo, ouvi um pouco de tudo: pessoas que se despediram para correrem atrás de sonhos; quem acumulasse trabalhos por conta de outrem com noitadas a empreender; quem não fizesse ideia de que tinha uma inovação em mãos até alguém lhe o dizer e, até, quem nunca tivesse pensado no empreendedorismo como opção de vida. Nenhuma me disse que tinha sido fácil. Não me recordo de ouvir falar em facilidade. Essa palavra esfumou-se um pouco do vocabulário.

Se não é fácil montar um negócio, uma tecnologia, uma startup, até que ponto será percetível e descomplicado o mundo em que a inovação se move? A revolução digital que está em curso? Também não o é, creio. Como poderia ser? E, no entanto, nunca foi tão urgente compreendê-la. Mais do que compreendê-la, dominá-la. E mais do que dominá-la: criá-la, regulá-la, melhorá-la, torná-la mais transparente, mais humana, justa e igualitária. Por vezes, inovar pode parecer um salto de *bungee jumping*, de vazio legal em vazio legal, fintando aqui e ali, o desconhecido. Mas não tem de o ser.

Hoje, ligamos a televisão e ouvimos as palavras que todos usamos como se fizessem parte de uma nova linguagem comum, uma linguagem que é inovadora e ávida. Mas nem todos sabemos como esta mesma linguagem nos pode sair cara: proteção de dados, inteligência artificial, investimento em capital de risco, *blockchain*, criptoativos, *stock options*, *private equity*, *business angels*, propriedade intelectual, patentes, *exit*, *fundraising*, NFT. São palavras que enchem uma peça televisiva, um grupo de

WhatsApp ou até uma mesa de café. Mas sabemos, ao certo, o preço que todos pagamos por elas?

E basta uma palavra errada, uma só palavra errada, para levar uma boa ideia para o destino errado. Lá está, nunca ninguém me disse que era fácil.

No livro *Unicórnios Portugueses*, que publiquei em 2021, mais do que contar os sucessos dos empreendedores portugueses, que tanto inspiram outros, quis contar que dores tiveram e como as superaram; que reviravoltas tiveram de dar nas suas ideias para que se tornassem, de facto, negócios sustentáveis; que erros cometeram dos quais se arrependeram; que coisas fariam hoje diferentes. Sempre acreditei que só havia uma maneira de informar bem e essa maneira era usando única e exclusivamente a verdade. Mas a verdade nem sempre é fácil de compreender.

Quando me convidaram para escrever o prefácio para este livro, que hoje tem nas mãos, não hesitei. Percebi, logo à partida, que respondia às três necessidades que vos mencionei acima e que acredito serem três grandes dores de quem empreende: facilitava, de alguma forma, a concretização de uma ideia num negócio real, ao elucidar sobre todas as complexidades legislativas; descomplicava e tornava mais percetível o mundo digital e inovador em que a grande maioria das startups atua, muitas vezes sem recursos para acompanhamento especializado desta ordem; e, sendo um livro escrito por especialistas legais não poderia estar mais alinhado com a verdade.

Não tendo sido fundadora de nenhuma startup, ao longo do tempo e da minha carreira, espero ter contribuído com as minhas palavras para que muitos empreendedores não se sentissem sozinhos na sua jornada. Sei que muitos se sentem. Sei que têm medo do falhanço, que sofrem com a pressão mais ou menos consciente dos investidores, dos mercados, da equipa e até das famílias. E sei que nem todos falam abertamente sobre essa solidão, esse medo ou essa pressão. Se este livro vier ajudar a que estes empreendedores se sintam menos sozinhos na sua jornada (sei que vai), então, sinto-me ainda mais grata por fazer parte dele.

O livro *Direito para Startups* é mais do que um "descomplicómetro" de leis (expressão que acabei de inventar), é um manual para quem empreende, um dicionário do que importa reter neste complicado mundo novo das startups e deve ficar tão à mão quanto possível. Sempre pronto para responder a qualquer dúvida, a qualquer hora do dia. Porque se a jornada não for fácil, pelo menos, já sabe: não tem de a fazer sozinho. Ainda há palavras que são as certas e muitas estão aqui. Neste livro.

ANA PIMENTEL
Autora do livro *Unicórnios Portugueses – A história das startups de mil milhões de dólares*

COMO LER ESTE LIVRO?

Em 1940, Mortimer Adler, filósofo norte-americano, publicou o livro *How to Read a Book: The Classic Guide to Intelligent Reading* e tornou-se um fenómeno raro, um *best-seller*. Para muitos, já nasceu clássico e é considerado o melhor livro para orientar a compreensão de uma leitura.

Adler apresenta algumas premissas de como se deve ler um livro. Uma espécie de "boas práticas", de modo que o leitor possa, de forma pragmática, extrair o melhor da obra literária para atender os seus interesses e, ao mesmo tempo, ter prazer na leitura.

Foi, portanto, com base nesses dois aspetos, ou seja, de como esse livro poderia ser útil e prazeroso a você, leitor, que pensámos no seu formato e estrutura, em três partes.

Em primeiro lugar, e quanto ao seu formato, a obra é destinada aos empreendedores ou, como dizia Jack Kerouac, àqueles que fazem a raça humana andar para a frente. Embora escrito por advogados, a linguagem adotada é a mais simples e direta possível. Sem *juridiquês* ou barreiras, de modo a que todos, independentemente do estágio da *startup*, a ela possam aceder e dela usufruir.

Já na sua estrutura, cada um dos artigos foi elaborado de modo a que o leitor pudesse compreender a evolução de um negócio inovador. Ou seja, e de modo paralelo à típica jornada de uma *startup*, desde a sua conceção, validação, tração e escala, apresentamos, inicialmente, os elementos de propriedade intelectual, passando pela constituição da empresa e o seu melhor enquadramento fiscal e regulatório, bem como os desafios laborais, os aspetos contratuais, de proteção de dados e, principalmente, de *fundraising*, ou seja, a indispensável busca de capital de risco com vista ao seu crescimento exponencial. É de notar que todos os artigos estão classificados em *tags*, justamente para que o leitor possa procurar, diretamente, sem rodeios, o tema do seu interesse.

Para uma melhor compreensão de todas essas fases, criámos, em seguida, um *legal map*. Ou seja, um recurso visual de fácil interpretação, onde o empreendedor poderá identificar quais são as suas principais necessidades legais de acordo com o estágio da sua *startup*. O mapa, tal como todo este livro, é para ser visto e revisto a todo o momento. Em qualquer trecho. Uma espécie de manual de prateleira.

Por fim, na terceira parte, trouxemos um glossário, com as principais expressões utilizadas pelo mercado. É sabido que há uma forte influência norte-americana quando tratamos de *startups*. Muitas vezes, algumas palavras não têm tradução local, sendo absolutamente comum ao empreendedor desconhecer determinada expressão. Logo, ter acesso ao que se diz e ao que se usa nos *coworkings*, mesas e rondas de investimento globais, é indispensável. Uma espécie de guia básico de sobrevivência.

Não temos a pretensão, evidentemente, de tornar este livro um *best-seller*, como o de Adler, mas temos a certeza que, em Portugal, todo o empreendedor terá feito uso de um exemplar na sua trajetória, desde a sua idealização ao *exit*, daí o título desta obra. Afinal, clássicos são clássicos, independentemente do seu tempo.

Propriedade Intelectual | Idealização | Conceção do Projeto | Acordos de Sigilo e Confidencialidade | Founder´s Agreement

HELDER GALVÃO
ARMANDO MARTINS FERREIRA

"Picasso dizia: *Bons artistas copiam, grandes artistas roubam;* e nós fomos sempre descarados a roubar grandes ideias".

STEVE JOBS

Conceção Inicial ("Idealização")

Dois clichês resumem bem a associação entre ideias e a conceção de startups: *Nada surge do nada* e *nada se cria, tudo se copia.* Correspondem à definição clássica deste estágio de empresa, constituída pela reunião de pessoas, desempenhando um modelo de negócio, repetível e escalável, num ambiente de extrema incerteza (BLANK, Steve. 2014).

A criação deste modelo de negócio, ou de qualquer outro, *disruptivo* ou não, emerge necessariamente do reaproveitamento e reelaboração de ideias, ou seja, da realimentação contínua de elementos preexistentes. É aceite que as grandes inovações criadas pela humanidade, inclusive, não resultaram de mentes superiores isoladas. Pelo contrário: precisaram de ambientes propícios onde pudessem florescer (JOHNSON, Steven. 2011). É daí que veremos que uma mera ideia ou aquela *ideia brilhante,* deve passar não só por uma rotina de validações, mas principalmente pelo crivo das regras dos direitos intelectuais.

Num primeiro momento, a ideia em si não goza de qualquer proteção jurídica específica, afinal não é dado ter o monopólio de uma ideia pura. Tornou-se um clássico da 7ª arte o episódio envolvendo o embate entre

Mark Zuckerberg e os irmãos gémeos Winklevoss. Na ocasião, a *ideia inicial* foi alegadamente de digitalizar um tradicional livro dos perfis dos alunos de Harvard conectando-os através de uma rede virtual. No final, coube a Zuckerberg postular para si a autoria do *Facebook* e aos irmãos gémeos Winklevoss aceitar um *settlement and confidentiality agreement.*

Vejamos, então, as medidas que poderiam ter sido tomadas, já que o caso poderia ter acontecido consigo. Em primeiro lugar, e sob o aspecto legal, o direito autoral sobre determinada *ideia* só será reconhecido e, consequentemente, merecedor de uma proteção, a partir do momento em que essa criação de *espírito,* expressada por qualquer meio, for fixada em um qualquer suporte tangível. Logo, inicialmente, é fundamental desenvolver o projeto, fixá-lo num esboço ou desenho ou até mesmo num relatório descritivo, tudo de modo a *materializar* a ideia inicial.

Outro recurso comum e popular no segmento das startups é a criação do Produto Mínimo Viável, chamado de *MVP (Minimum Value Product).* O MVP, por ser a própria exteriorização da ideia, reveste-se dos requisitos necessários para a obtenção de direitos autorais sobre determinada criação intelectual. Diz-se, inclusive, que o MVP do Twitter seria de uma simplicidade extrema, mas suficiente para se tornar um produto, como sabemos, global. Pode afirmar-se, também, que algoritmos, desenhos, rascunhos, anotações, entre outras criações intelectuais expressas por qualquer meio, fixadas em um suporte tangível, relacionadas com o MVP, podem ser reconhecidas no âmbito dos direitos autorais. E, vai-se mais além: o próprio Canvas, evidentemente na análise de cada caso, poderá ser reconhecido como uma obra protegida. É o que veremos a seguir.

Novidade vs. Originalidade

É certo que a *ideia* do Facebook, então *The Facebook,* não era nova, pois como já referido, é tradição nas universidades norte-americana a confecção de um livro com o perfil dos alunos. Eis, portanto, o segundo aspecto relevante. Não é necessário o requisito da novidade, mas sim da originalidade. É certo que o conceito da originalidade é polémico e subjetivo. Denis Borges Barbosa defende o *contributo mínimo* de originalidade como uma atividade própria, que acrescente algo novo à realidade existente. Já

Adam Grant afirma que uma startup é envolvida, necessariamente, pelo *status* da originalidade, na medida em que toma um caminho menos trilhado, defendendo novas combinações de ideias que contrariam o pensamento corrente e que resultam em algo melhor para a sociedade ou para a resolução de um problema, o que se convencionou chamar de *disrupção* (GRANT, Adam. 2016. p. 47). É preciso, então, que a criação intelectual represente uma contribuição objetiva para a sociedade como uma colaboração intelectual.

Importa também caçar alguns mitos. Tecnicamente, nada do que Elon Musk fez é eminentemente inventivo ou original. Carros elétricos, por exemplo, já foram desenvolvidos pela GM e explorados comercialmente pela Toyota, com o modelo Prius. O computador de quarta geração de Steve Jobs e Steve Wozniak, o Apple Lisa, foi concebido depois de forte influência da área de pesquisa do concorrente na época, a Xerox. Outro exemplo de que as ideias devem circular livremente, foi o caso da empresa de roupas brasileira Reserva que lançou o mote de doação de prato de comida a cada peça de roupa vendida, mas cuja proposta já havia sido lançada anteriormente pela marca californiana de calçado Toms, onde o consumidor compra um par de sapatos e a empresa doa outro para a criança de um país em desenvolvimento. Outros exemplos são a Diners Club, primeira emissora de cartão de crédito, que foi seguida pelaVisa e Mastercard, bem como o serviço de partilha de carros, Connect, que possui uma forte semelhança com o modelo Zipcar, que já foi uma startup.

O próprio mercado das startups, diante da proliferação de apropriação de ideias e, digamos, imitações, cunhou a expressão *copycats*, que vem a ser startups ou até mesmo empresas tradicionais que copiam modelos de negócios já existentes, mas implementando vantagens competitivas e melhorias, capitalizando as falhas das ofertas iniciais das empresas inovadoras (SHENKAR, Oded. 2011). Não é diferente, portanto, identificar empresas ligadas a tecnologia, programação de dados e tecnologia da informação que exploram o mesmo segmento mercadológico, tais como Uber e Cabify, Groupon e Peixe Urbano, a maioria das *lawtechs*, que oferecem mediações on-line, gestão de processos, leitura de documentos, entre outras empresas que concorrem entre si. É sabido que a livre concorrência é preceito constitucional, não sendo permitida a concorrência desleal, como é o caso da colisão de marcas ao ponto de causar confusão no consumidor, ou o uso de identidade visual semelhante ou de forma parasitária.

Como será melhor aprofundado no artigo que versa sobre os direitos autorais e de propriedade industrial, existem locais indicados para o registo (de efeitos meramente declarativos, é certo) e, consequentemente, a proteção formal dessas criações de *espírito* fixadas num suporte, como, por exemplo, a Inspeção-Geral das Atividades Culturais (IGAC) para o caso dos direitos de autor e direitos conexos, e a Associação Portuguesa de Software (ASSOFT) para o *software*. Um dado interessante, no entanto, é a proliferação de *legaltechs* que realizam esse depósito, concedendo um protocolo de registo e dados criptografados de modo a que o autor tenha como provar a precedência ou anterioridade face a eventuais usos indevidos ou não autorizados.

Em suma, a comunicação ao público da criação intelectual já constitui um direito autoral, logo, a realização da apresentação desta criação numa sessão de *pitch*, por exemplo, ou numa ronda de negociações ou investimentos em geral, a criação de um site, aplicação ou o próprio MVP, já representam a proteção conferida pela lei.

Mas, frisa-se, o registo por depósito prévio constitui meio de prova robusto para eventual discussão ou embate nos casos de dissensão sobre a autoria da criação intelectual e respetivos direitos de exploração económica.

A conceção de um projeto, em suma, obedecerá à inevitável ordem cronológica da iniciativa em si, baseada numa *ideia* ou algum elemento pré-existente, dotada do requisito de originalidade. Ato contínuo, essa criação de espírito deverá, necessariamente, ser expressa por qualquer meio, fixada em qualquer suporte e comunicada ao público, sendo o seu registo uma faculdade, uma vez que essa própria comunicação será suficiente para a atribuição de autoria ou titularidade.

Diga-se, ainda, que a anterioridade também é, nesta linha cronológica, condição indispensável para a proteção da criação intelectual em si.

Já nos casos em que estejamos perante propriedade industrial (marcas, patentes, logótipos, desenhos ou modelos e indicações geográficas), diferentemente, é imprescindível e imperativo submeter ao exame estatal, no Instituto Nacional da Propriedade Industrial (INPI), sendo neste caso o seu registo definitivo o meio constitutivo necessário do respetivo direito.

As *ideias* podem circular?

Um dado característico no segmento das startups é a orientação, quase unânime, de que as *ideias* devem circular, ou seja, é indispensável para quem quer criar uma startup, franquear o acesso dessa *ideia* a terceiros, a fim de não só obter sugestões, melhorias e aperfeiçoamentos, geralmente através de ciclos de mentorias ou mentores, sendo estes pessoas com conhecimentos técnicos que compartilham sugestões e opiniões a respeito da tal *ideia*.

Steve Blank e Bob Dorf, por exemplo, defendem a expressão *vai para a rua*, numa alusão de que as *ideias* não devem permanecer no anonimato ou serem executadas isoladamente, sem o compartilhamento de informações e sugestões (Blank, Steve. 2014. p. 58). Curioso, pois Eric Ries opõe-se ao *just do it*, ou seja, à ideia de se lançar o projeto prematuramente aos usuários, de modo a recolher *feedbacks* de melhorias (Ries, Eric. 2011. p.16).

Para Mauricio Benvenutti, a *ideia*, por si só, no segmento das startups, é irrelevante. O que vale é a capacidade de execução. Segundo ele, é a execução que transforma uma ideia em algo capaz de gerar valor, procura e oferta. Benvenutti ironiza, ainda, ao afirmar que o mundo tem mais de sete mil milhões de pessoas e provavelmente alguém está a pensar na mesma ideia. Logo, escolha uma ideia, valide-a e execute-a (Benvenutti, Maurício. 2016).

Existem, no entanto, e por estratégia comercial, startups que evitam aparecer justamente para que ninguém usurpe as *ideias* ou o projeto até a sua primeira validação ou lançamento. Apelidado de *stealth startup*, o objetivo é evitar a ocorrência dos *copycats* ou, naturalmente, a perda da exclusividade e o impacto do pioneirismo, dois elementos essenciais que envolvem a disrupção. Tome-se, como exemplo, o caso curioso da Segway, diciclo de locomoção individual de pessoas a partir do próprio equilíbrio. Na sua produção, confinada a poucos, várias sugestões dos próprios funcionários passaram despercebidas, além do *feedback* dos consumidores, o que prejudicou frontalmente o sucesso do produto e o seu super-dimensionamento comercial (Grant, Adams. 2016).

Consequentemente, é possível desmistificar a ideia de que o secretismo e a confidencialidade é essencial no segmento das startups. Por outro lado, recomenda-se circular a atividade inovadora, validar perante terceiros, promover testes e participar em *pitchings* (apresentação de ideias), desde que antes, naturalmente, adote as recomendações referidas anteriormente, de fixar a *ideia*, ou seja, a criação de espírito num suporte e adotar meios de comunicar ao público (é possível até usar qualquer rede social para o efeito) ou efetuar seu registo nos locais indicados no capítulo deste livro referente ao tema de direitos autorais e de propriedade industrial.

Não se deve, por seu turno, ser imprudente. Ficou famoso o episódio que envolveu o surgimento do *iPad*. Um funcionário da Microsoft comentava constantemente com terceiros, inclusive com Steve Jobs, sobre a forma como iria mudar o mundo com um software e um *tablet* desenvolvidos por ele. Então curioso, coube a Jobs implementar, pela Apple, tal ideia (Isaacson, Walter. 2011.p. 485).

Pivot

Comenta-se que *golaços*, como o do Facebook, Google e Instagram são realmente raros, portanto uma estratégia comum usada por startups é o que se convencionou chamar de *pivot*. É a conduta na qual o a startup modifica a sua estratégia ou plano original que não foi bem sucedido. Significa tentar novas ideias, eliminando as que não funcionaram e aprendendo a seguir adiante (Piscione, Deborah. 2017). Realizar esta transição de forma bem sucedida é determinante para se adaptar e controlar os problemas à medida que surgem nas validações e mentorias. É considerada uma das melhores metodologias vinda de *Silicon Valley* (Ries. Eric. 2011. p. 77).

Cita-se o episódio envolvendo o Instagram. Adeptos do jargão da fase *beta*, ou seja, em constante mutação, a startup, inicialmente chamada de Burbn, em alusão ao uísque bourbon, consistia num serviço de geolocalização, mas que sofreu vários *pivots* ou *reboots*, até chegar no modelo adquirido por milhares de milhões de dólares pelo Facebook (Vilicic, Filipe, 2015).

Estes episódios específicos provocam, naturalmente, a questão: como é que a *ideia*, ou seja, a criação de espírito fixada num suporte, inicialmente registada para fins de proteção perante terceiros, sobreviverá a tantas mudanças? Neste caso, será inevitável, a cada *pivot*, promover os registos de tais melhorias, de modo a se demarcar os elementos de prova e proteção conferidos pela lei de direitos autorais na hipótese de ocorrência de apropriação do projeto por terceiros que tenham tido acesso ao longo dessas fases.

Contudo, de igual modo, nada impede que a criação intelectual primígena, ou seja, aquela que deu origem aos demais tratamentos e desenvolvimentos, tenha o seu valor no sentido de proteção por direitos autorais, uma vez que a essência original em si é que deverá prevalecer na argumentação contra a eventual apropriação por terceiros, e não sobre as mudanças subtis ou que não tenham um suporte criativo suficiente para descaracterizar àquela criação.

A propósito, a par da proteção conferida aos direitos da propriedade intelectual (sejam autorais e conexos ou de propriedade industrial), outra argumentação convincente contra a apropriação por terceiros que tenham acesso a essa criação intelectual, está na concorrência desleal. O usurpador, em razão do acesso prévio, principalmente se envolvido no desenvolvimento do projeto da startup, agirá com o intuito de desviar, de modo direto ou indireto, em proveito próprio, de modo a causar um prejuízo. O ato da concorrência desleal é um ato inesperado dentro de determinado segmento económico por aqueles que exercem atividades comuns, principalmente em regime de sociedade, englobando tanto funcionários, parceiros, investidores ou mentores.

Não se perde de vista, ainda, a tipificação da concorrência desleal a partir do momento em que a prática comercial adotada pelo sócio, parceiro, potencial investidor ou qualquer um que obteve acesso prévio ao projeto, tende a se aproveitar, parasitariamente, do *know how* até então existente e respectivo segredo comercial, como elemento integrante de encaminhamento alheio para captação de clientela e, claro, lucro.

Naturalmente que o conceito de deslealdade na concorrência comporta variadas interpretações. Como é evidente, e aliás foi referida *supra*, toda a sã concorrência é digna. Mas, por outro lado, todo ato praticado contra os princípios acima citados e, principalmente, aproveitando-se de informações confidenciais, segredos industriais, dados, pesquisas e, ainda, do próprio MVP e, porque não, do Canvas, para a montagem de uma empresa concorrente, é indigna do ponto de vista comercial, além de ilícita e igualmente sancionável.

Menciona-se, ainda, embora genérico, o conceito da boa-fé, na medida em que é esperado dos sócios, parceiros, funcionários, potenciais investidores, entre outros que, repita-se, obtêm acesso ao projeto, que adotem, no âmbito da parceria de comum acordo, os princípios da probidade, cooperação e honestidade, ou seja, que estejam vedados de praticar atos que, de alguma forma, possam representar um prejuízo injustificado à outra parte.

Registo 360°

Dentro do contexto de se valer dos requisitos legais para proteger uma *ideia*, uma sugestão seria, em primeiro lugar, submeter a criação de espírito a um registro prévio. Não é necessário repetir os elementos acima apresentados, como o da originalidade e local ou meio, sendo imprescindível a anterioridade como vantagem face a uma usurpação. Por outro lado, havendo elementos de propriedade industrial (marcas, patentes, logótipos, modelos ou desenhos, indicações geográficas), além do *software*, é imprescindível e impositivo submeter ao crivo estatal, no Instituto Nacional da Propriedade Industrial (INPI).

Além destes dois caminhos, recomenda-se a criação, mesmo se o sinal distintivo ainda não for definitivo, do nome de domínio, tanto *.com*, quanto *.pt* além da criação de perfil nas principais redes sociais. Não se descarta, também, a adoção de contratos ou termos, de modo a promover maior segurança ao negócio em questão; é o que veremos a seguir.

Acordos de Sigilo ou Confidencialidade

O Acordo de Sigilo ou Confidencialidade, usualmente chamado de *Non Disclosure Agreement* ou pela sigla *NDA*, tem aplicação ampla e em variadas situações de facto. Pode ser utilizado, por exemplo, para regular a relação entre empreendedores e potenciais investidores e parceiros comerciais. Também pode ser utilizada nas rondas acima referidas de validação do projeto ou da plataforma, bem como franquear o acesso a terceiros para *feedbacks*, sessões de mentoria e *pitch* (apresentação da *ideia*) em geral.

É comum também constarem cláusulas de sigilo ou confidencialidade nas relações entre prestadores de serviços e empregados que, diante dessa relação de emprego, terão acesso a informações tidas como chave ao negócio e envolvidas de segredos comerciais.

O instrumento em si é revestido das formalidades clássicas de um instrumento particular, indicando-se e qualificando-se as partes que vão, respectivamente, franquear o acesso às informações e a parte receptora. Essas informações recebem uma definição ampla, englobando, exemplificativamente, mas de forma não taxativa informações, orais ou escritas, de natureza técnica, operacional, comercial ou jurídica, inclusive, sem limitação, de *know-how*, bancos de dados, fórmulas, modelos, fluxogramas, programas de computador, planos ou estratégias de negócios, métodos, técnicas, marcas, *software*, direitos autorais, patentes desenhos ou modelos, documentos em geral e contratos de qualquer natureza, bem como estudos, pareceres e pesquisas diversas.

É de se notar que todos os aspectos que envolvam propriedade intelectual encontram-se no *NDA*, justamente para se evitar a apropriação dos bens intangíveis. Um caso clássico e de compromisso ético envolveu a saída de Steve Wozniak, enquanto programador, na época, da HP, para co-fundar a Apple. No decurso do contrato de trabalho e, no contexto de cláusulas contratuais que regulavam a vedação ao uso dessas informações, no sentido amplo antes referido, coube a Wozniak oferecer a prioridade no projeto de computador pessoal que era desenvolvido como atividade própria, paralela àquela profissional, mas que naturalmente envolvia o *know-how* fruto desse desempenho laboral. A HP, no entanto, recusou a proposta, episódio que ficou conhecimento como a maior gafe do século (ISAACSON, Walter. 2011.p.301).

Neste sentido, deve-se atentar que o *NDA* é comumente visto nos contratos de trabalho, inseridos na forma de cláusula, por vezes até simples ou despercebida, mas de extrema relevância para evitar uma futura concorrência, fuga de cérebros ou competição. A propósito, a legislação que regula os direitos de propriedade industrial dispõe que as criações intelectuais criadas no âmbito profissional, e baseadas na infra-estrutura do empregador, inclusive nestas informações, pertencem ao empregador, motivo pelo qual, repita-se, é sempre prudente avaliar a redação dessas cláusulas.

Embora tenha ocorrido um erro estratégico comercial, o episódio revelou a eficácia deste *NDA*. E, no que toca a esta eficácia, é indispensável para a consequente validade do documento que as partes sejam capazes, ou seja, detenham personalidade jurídica constituída e sejam titulares dos bens envolvidos no negócio jurídico. Se se tratar de pessoa física, de igual modo, se se tratar de menor, deverá constar expressamente o seu representante legal. O objeto do contrato, por sua vez, deverá ser lícito, de modo a não regular uma conduta vedada por lei. É indispensável também que o objeto do contrato seja possível e determinado.

A economicidade, ou seja, definir um valor, também é indispensável. O que se adota, entretanto, é a cláusula penal com respetiva multa pecuniária na hipótese de qualquer incumprimento. Importante frisar que o valor da multa deverá refletir o bem económico envolvido e a projeção de ganhos futuros, uma vez que uma eventual violação poderá gerar perdas e danos ao lesado ou detentor daquele ativo intangível. Assim, é comum a indicação de cláusulas não só para refletir estes aspetos, como também inibir a conduta danosa.

A vigência, de igual modo, é indispensável, consistindo, basicamente, na indicação do prazo no qual a parte recetora da informação a manterá confidencial e sem beneficiar dela contra os interesses daquela.

Não se descarta, também, a concessão de exclusividade das informações para a parte que as franqueou o acesso, bem como a vedação, da parte recetora, em cedê-la ou licenciá-la a terceiros, direta ou indiretamente. O dever de guarda e sigilo também se estende pela vedação, do recetor, em não copiar, não criar banco de dados, não reproduzir ou adaptar quaisquer informações a que tiver acesso, exceto nos estritos limites do que lhe for expressamente autorizado pela parte que franqueou o acesso.

Finalmente, o instrumento deverá conter a legislação aplicável e o foro competente de disputa de eventual litígio. Ou, pode ser que disponha de cláusula de arbitragem, cujos detalhes se encontram noutro capítulo deste livro.

Todos esses elementos são imprescindíveis num *NDA*, de modo a zelar pela proteção do *ativo*, seja este uma informação, dados de mercado, direitos autorais ou segredos comerciais a serem envolvidos entre duas ou mais pessoas. Reconheça-se que nem sempre o contexto de uma negociação permitirá a celebração, *quiçá* o oferecimento prévio à outra parte, deste instrumento. Contudo, é recomendável ter sempre à mão o *NDA*, antecedido, por outro lado, do registo ou qualquer outro meio probatório de autoria ou titularidade do bem (*ideia*) a ser submetido a terceiros.

Mas, não havendo a oportunidade pelo seu oferecimento ou assinatura, o que poderá acontecer, recomenda-se a elaboração de ata em assembleia geral, de modo a que fique expresso que determinado conteúdo foi acedido por outrem, inibindo-o ou caracterizando uma eventual acusação de concorrência desleal, usurpação (como vimos acima) caso este terceiro venha a valer-se deste referido conteúdo para finalidade diversa.

Não se pode perder de vista outros elementos indispensáveis ao NDA, como o prazo de vigência, o qual não segue uma regra geral, devendo ser regulado de forma razoável, contando que o projeto pode não vir a ser consumado ou porque não é bom o suficiente ou porque terceiro já o fez, bem como limitação geográfica, seja, qual a extensão da confidencialidade.

Estas recomendações, obviamente, não excluem o risco que, como se sabe, é inerente ao segmento das startups. No entanto, se adotadas, a própria exposição ao risco ou utilização do conteúdo sigiloso não autorizado ou desmedido, poderão ser mitigadas.

Memorando de Entendimentos

Levando em consideração a lógica do *bootstrapping*, ou seja, tocar a startup com recursos quase no zero, sem capital, sem participação em processos de incubadoras ou aceleradoras, enfim, na base da dedicação e criatividade, não é recomendável seguir o roteiro clássico de uma empresa, de constituir uma personalidade jurídica, seja ela sob a forma de sociedade limitada, Lda. ou outra, bem como mantê-la ou, talvez, dissolvê-la. Também não é novidade para ninguém os custos, burocracia e percalços que envolvem todo esse processo.

Neste caso, ou seja, ainda envolvendo a conceção da ideia ou *ideação*, a sugestão é a celebração de um Memorando de Entendimento (comumente chamado de *Memorandum of Understanding* ou *MOU*) entre os fundadores, consistente em um instrumento privado, sem a necessidade de submissão aos órgãos oficiais, como o Registro Civil de Pessoas Jurídicas ou na Junta Comercial do Estado.

Este contrato, também chamado de Memorando de Entendimentos Para Constituição de Startup (*Pre Shareholder Agreement*), nada mais é que um pacto formal entre os fundadores, no qual consta que a realização ou constituição da sociedade depende da realização de determinadas condições, ou seja, subordina o efeito do negócio jurídico a um evento futuro e incerto.

Estas condições ou eventos, por sua vez, podem ser as mais variadas possíveis. Vão, por exemplo, desde a possibilidade de captação de recursos por capital próprio, por intermédio da família, amigos, *angel investors* entre outras formas de recebimento de recursos financeiros (ver o capítulo próprio sobre formas de financiamento de uma startup), ao registo de uma patente junto do INPI ou quando o fundador se desligar de uma atividade, passando a dedicar-se integralmente à própria startup. Até mesmo ao êxito da primeira validação, ou seja, o negócio é promissor ou da intenção dos fundadores em participar de editais que envolvem germinação, incubação ou aceleração.

Erik Nybo, por sua vez, cita outros exemplos de eventos que também poderão resultar na ativação da obrigação de se constituir, formalmente, a startup, entre eles, a celebração de uma parceria, finalização do produto ou modelagem do serviço, pedidos de venda em volume capaz de sustentar o projeto (NYBO, Erik Fontelene. 2016. p. 37). Ou seja, toda e qualquer hipótese pode ser considerada um requisito para *virar a chave* entre o MOU e a constituição de uma sociedade, seja ela Lda. ou S.A.

Esta estratégia também é chamada de *personalidade jurídica binária*. De início, os fundadores devem organizar-se enquanto pessoas naturais (para fins fiscais, pessoas físicas), pagar todos os impostos devidos e adotar uma cultura rigorosa de formalização dos procedimentos, decisões e acordos (em atas, por exemplo). João Falcão defende que ao longo do ciclo de vida da startup, alguns *millestones* indicarão o momento ideal para se registrar e adquirir personalidade jurídica própria. Até que algum desses *millestones* ocorram, Falcão recomenda que os sócios fundadores sigam com a empreitada de descoberta e validação, pagando todos os impostos, honrando as questões de direito do trabalho (quando houver) e formalizando 100% dos desdobramentos societários do negócio na pessoa física dos fundadores (FALCÃO, João. p.).

Elementos indispensáveis

Naturalmente que o MOU não deixa de ser um contrato atípico, mas revestido de todos os requisitos acima comentados, ou seja, forma prevista em lei, partes capazes e objeto lícito. O passo a ser dado, na recomendação de Nybo, é estipular exatamente o projeto a ser desenvolvido pelos colaboradores. Esta delimitação tem por objetivo atrelar as demais obrigações a serem estipuladas no contrato a um escopo definido, justamente para evitar quaisquer dúvidas sobre o objeto da startup (NYBO, Erik Fontelene. 2016. p. 36).

Superado o objeto, cuja redação deverá expressar o projeto em si e indicar que se encontra previamente registado (nas recomendações acima), passa-se então a regular a participação dos sujeitos envolvidos, ou seja, os futuros sócios, caso se consuma as condições antes referidas. A divisão dessas quotas não obedece a uma regra específica, cuja distribuição, embora aleatória, respeitará, naturalmente, a atuação, dedicação profissional, grau de zelo, importância no êxito do negócio e mérito face à conceção inicial, a fase de *ideação*. É importante frisar, no entanto, que quanto mais diluído, pior, na medida em que determinadas deliberações deverão respeitar um quórum mínimo estabelecido por lei.

Logo, a divergência de opiniões, naturais, diga-se de passagem, poderão impactar no bom andamento do negócio, até mesmo a sua viabilidade. É o caso, por exemplo, envolvendo uma eventual fusão, na qual o quórum mínimo exigido é de unanimidade. Naturalmente que a postura, mesmo que minoritária, de um sócio, minará a sua realização. Não é mero acaso que a escolha errada de um sócio ou atribuição errónea de uma futura participação societária a um colaborador, que não seja chave no projeto, é uma das causas mais comuns do fracasso das startups.

Outro dado relevante nesta estipulação envolve o planeamento de eventual suporte financeiro de terceiros investidores ou de aplicação em processos de aceleradoras em geral, cujo ingresso poderá exigir uma participação societária – *equity participation* (Nybo, Erik Fontelene. 2016. p. 36). Existe também a hipótese do investidor ser afastado por um numeroso número de sócios ou cuja participação não se encontra previamente regulada no MOU. Daí que se recomende a possibilidade de reduções proporcionais nestas participações caso de contribuições financeiras ou até mesmo a possibilidade de saída do sócio divergente. Em resumo: a definição concreta da participação societária de cada fundador ou colaborador, já na fase seguinte da *concepção inicial*, é o melhor caminho a ser adotado.

A escolha, por sua vez, do tipo societário e enquadramento fiscal poderão ser consultados nos demais capítulos deste livro, mas poderão também ser antecipados no próprio MOU caso se realizem as condições anteriormente citadas. No que se refere aos bens intelectuais envolvidos, como por exemplo o software em desenvolvimento, a marca e demais criações intelectuais englobadas na startup, recomenda-se a celebração de termos de cessões desses direitos no mesmo *espírito* contido no MOU, ou seja, havendo a celebração da sociedade, esses direitos serão cedidos a esta, passando a figurar no seu acervo e constituindo importantes ativos, quiçá os mais valiosos na avaliação económica da startup.

Não se pode perder de vista, ainda, que pode não ser do seu interesse assumir responsabilidades ou obrigações caso ocorra a migração do MOU para a constituição da sociedade (veremos a seguir como se dá essa *virada de chave*). Daí, é essencial prever a possibilidade dessa saída, inclusive pela inexistência do pagamento de montantes, seja pela devolução de valores fornecidos ou captados pelo intermédio dessa pessoa que se afasta do projeto. Não há que se falar em fundo de comércio, afinal sequer existiu sociedade, muito menos recebimento de valorização futura, afinal não se pode trabalhar com um evento futuro e incerto. Ademais, é sabido que o risco era inerente a essa fase da startup, consubstanciando, inclusive, um comportamento contraditório e de enriquecimento sem causa manifestar o recebimento de algo hipotético.

Ainda sobre a questão da saída do fundador ou colaborador antecedente à constituição da sociedade, ou seja, no âmbito do MOU, é também prudente (e válido) regular as hipóteses de exclusão destes, caso mantenham comportamento que depõe contra o bom andamento do projeto. As hipóteses, diga-se, são as mais diversas possíveis e não são, necessariamente, limitadas a um rol específico. Cita-se, como exemplo, a ausência de dedicação, desinteresse nas atividades em prol do êxito do projeto, utilização indevida ou não autorizada dos recursos financeiros comuns, vazamento de informações confidenciais, concorrência desleal ou paralela, ao ponto de causar um prejuízo injustificado ao projeto, entre outros. Nestes casos, a justa causa deverá restar configurada, bem como o respeito ao devido processo legal e ao contraditório. Evidentemente que o quórum de deliberação obedecerá àquele estipulado no próprio instrumento ou, na sua omissão, na forma estabelecida pelo Código Civil.

Logo, ainda é possível, antes de virar a chave, ou do sonho empreendedor ser consumado, excluir àquele que, de fato, se tornará um problema futuro.

Outra recomendação é reunir os elementos contidos no *NDA* acima apontados, como a proibição de utilização das informações (exemplificativamente, mas não limitado a informações, orais ou escritas, de natureza técnica, operacional, comercial ou jurídica, inclusive, sem limitação, de *know-how*, bancos de dados, fórmulas, modelos, fluxogramas, programas de computador, planos ou estratégias de negócios, métodos, técnicas, marcas, software, direitos autorais, patentes de invenção e de modelos de utilidades, design, documentos em geral e contratos de qualquer natureza, bem como estudos, pareceres e pesquisas diversas), para uso paralelo, estranho ou em concorrência às atividades desempenhadas entre os integrantes do MOU e futuros sócios. Obviamente, essa vedação também se estende ao integrante que se retirará, seja por vontade própria ou por justa causa.

Finalmente, é indispensável estipular o termo, ou seja, até quando vigorará o prazo deste memorando, resultando na sua extinção automática caso uma das condições ou todos os eventos, a depender do interesse das partes, se realizem. Pode-se dar o caso, também, de eventual renovação automática, por repetidas vezes, caso as partes não se manifestem ao contrário. Como se vê, portanto, a criatividade também se aplica na elaboração deste documento.

Virando a chave

É irrelevante definir se esse MOU é um pré-contrato. Recomenda-se, apenas, deixar expresso que os entendimentos, a fim de se constituir uma sociedade com o objetivo de explorar determinado negócio é um evento incerto, não vinculante, sendo este documento uma mera reunião de vontade que poderão, ou não, ser consumadas.

Mas, até mesmo por uma questão de efetividade e evitar prolongamentos ou reabertura de infindáveis reuniões, o ideal é já deixar pronto o contrato social ou estatuto social a ser adotado pela sociedade, de modo que, realizado quaisquer das condições ou, se acordado, de todos os eventos contidos no MOU, restará automático o processo de registro no órgão competente. Não é demais lembrar que o referido contrato ou estatuto deverá espelhar os termos do MOU, principalmente no tocante à participação societária, bem como a delegação de tarefas e competências para cada um no âmbito da sociedade como, por exemplo, na designação da razão social, da nomeação dos administradores, sede, apuração dos haveres e tudo mais, em detalhes, no capítulo específico deste livro.

Finalmente, diga-se que a organização prévia acima referida para a estrutura da *virada da chave* poderá evitar as medidas judiciais caso o futuro sócio se recuse, injustificadamente, a assinar o contrato ou estatuto social da startup ou, ainda, evitar os dissabores de uma determinação de perdas e danos em razão dessa conduta contraditória.

Referências

BENVENUTTI, Maurício. Os Incansáveis. Ed. Gente. 2016

DORF, Bob. BLANK, Steve. Startup – Manual do Empreendedor – o Guia Passo A Passo Para Construir Uma Grande Empresa. Ed. Alta Books. 2014

FALCÃO, João. Startup Law. Dissertação para a obtenção de grau de Mestre. Escola de Direito da FGV Rio. 2016

GRANT, Adam. Originais. Ed. Sextante. 2016

ISAACSON, Walter. Steve Jobs. Ed. Companhia das Letras. 2011

JOHNSON, Steven. De Onde Vêm as Boas Ideais. Ed. Zahar. 2011

Nybo, Erik Fontelene. Direito das Startups. Ed. Juruá. 2016
Piscione, Deborah. Os Segredos do Vale do Silício. Ed. HSM. 2017
Ries, Eric. A Startup Enxuta. Ed. Leya. 2011
Shenkar, Oded. Copycats. Ed. Saraiva. 2011
Vilicic, Filipe. O Clique de Um Bilhão de Dólares. Ed. Intrínseca. 2015

Direitos de Propriedade Industrial | Patentes de Invenção | Modelos de Utilidade | Desenhos ou Modelos | Marcas | Concorrência Desleal | Segredos de Negócio | A Dinâmica dos Direitos de Propriedade Industrial

MANUEL DURÃES ROCHA
ANTÓNIO ANDRADE

I. Introdução

A propriedade intelectual[1], que abrange a propriedade industrial, é unanimemente considerada como um dos maiores ativos das empresas.

Com efeito, através dos direitos privativos de propriedade intelectual, as empresas conseguem proteger legalmente a sua atividade inovadora, quer no aspeto tecnológico[2], quer na vertente da sua atividade comercial, designadamente ao nível da forma dos seus produtos[3] e das suas marcas de produtos e/ou serviços.

No planeamento do início de atividade de uma empresa, nomeadamente de uma *startup*, e ao longo de todo o seu desenvolvimento, a propriedade intelectual deve ser uma das maiores preocupações estratégicas com vista ao sucesso dessa mesma atividade, particularmente no que respeita à rentabilidade do negócio.

Em estudo recente promovido pelo Instituto da Propriedade Intelectual da União Europeia, mais conhecido pela sua sigla em inglês EUIPO, e Instituto Europeu de Patentes, apoiado pela Comissão Europeia[4], cons-

---

[1] A propriedade intelectual abrange o direito de autor e direitos conexos e a propriedade industrial (patentes, marcas, desenhos, etc.).

[2] Patentes de invenção, modelos de utilidade e topografias de produtos semicondutores.

[3] Desenhos ou modelos.

[4] https://euipo.europa.eu/ohimportal/en/web/observatory/ip-in-europe

tatou-se que as empresas que usam intensivamente o sistema de propriedade intelectual[5] representam 38.9% do emprego na União Europeia e 45% da atividade económica total (GDP) da UE.

Essas empresas pagam salários significativamente mais elevados do que outras indústrias, com um prémio salarial de 47 %.

As mesmas empresas representam a maior parte do comércio da UE com o resto do mundo e geraram um excedente lucrativo, ajudando assim a manter o comércio externo da UE amplamente equilibrado.

É certo que o investimento financeiro na proteção dos direitos de propriedade intelectual pode ser significativo ao longo da atividade de uma empresa. No entanto, desde o seu início, é crucial planear e implementar como política interna permanente, a alocação de verbas financeiras destinadas aos custos dessa proteção.

E quanto às *startups* em particular, é fundamental planear a estratégia *mínima* de uma proteção de direitos desde o início, ou seja, começar com os direitos básicos que devem ser acautelados, como o direito de marcas, desenhos ou modelos, e patentes, nesta última modalidade caso se reúnam as condições legais para tanto.

O que não deixa lugar a quaisquer dúvidas ou hesitações é a realidade, várias vezes testada, de que sem a propriedade intelectual a atividade de uma empresa fica segura e manifestamente diminuída ou enfraquecida.

Por conseguinte, é imperioso que a propriedade intelectual faça parte, em qualquer atividade empresarial no domínio das *startups* (sejam elas micro, pequenas ou médias), do caderno de encargos prévio ao início dessa atividade e que deve ser desenvolvido e melhorado ao longo de todo o seu ciclo de vida.

Na verdade, o exclusivo de mercado que os direitos de propriedade intelectual asseguram – impedindo que terceiros os copiem, imitem ou usem sem o consentimento dos titulares desses direitos – é a comprovada fórmula financeira de sucesso das empresas.

Note-se que uma das maiores vantagens dos direitos em apreço é a da possibilidade do consentimento do seu uso por terceiros, mediante contrapartidas financeiras por essa autorização. Estamos a falar do rele-

[5] *Industrial Property Rights intensive industries.*

vante esquema contratual das licenças de uso e exploração de direitos de propriedade intelectual, que implicam o pagamento dos comummente chamados *royalties*.

Note-se também que, na maior parte dos casos, os titulares dos direitos podem querer explorá-los diretamente, sem a necessidade de recorrer às licenças contratuais, mas cada caso deverá ser analisado em função dos setores económicos e produtos e/ou serviços específicos das empresas.

II. Os Direitos de Propriedade Industrial

Os direitos de propriedade industrial encontram-se previstos e regulados, a nível nacional, no Código da Propriedade Industrial[6].

Portugal sempre se encontrou na linha da frente quanto à adesão a tratados e convenções internacionais de propriedade industrial e intelectual.

De facto, o nosso país foi um dos 11 Estados fundadores da Convenção da União de Paris para a Proteção da Propriedade Intelectual, de 1883. Trata-se do primeiro grande instrumento legislativo a nível mundial na área da propriedade industrial e que definiu princípios e regras quanto a patentes de invenção e marcas, que ainda hoje vigoram.

De resto, fazemos parte dos maiores e mais relevantes tratados, acordos e convenções internacionais, como Acordo de Madrid e Protocolo de Madrid (que regulam as marcas internacionais), Tratado de Cooperação em matéria de Patentes (atinente ao pedido internacional de patente), Convenção sobre a Patente Europeia, Regulamento da Marca da União Europeia e Regulamento do Desenho Comunitário (ainda não foi atualizada a nomenclatura para Desenho da União Europeia)

Em Portugal, a propriedade industrial foi sendo regulada pela Carta de Lei de 1896 e Códigos da Propriedade Industrial de 1940, 1995, 2003 e, o atual, de 2018

No que diz respeito ao Direito de Autor, vigora o Código do Direito de Autor e dos Direitos Conexos.

---

[6] Decreto-Lei n.º 110/2018, de 10 de dezembro.

Os direitos de propriedade industrial podem ser protegidos pela via nacional (e.g. marcas e patentes nacionais, via europeia (e.g. patente europeia e marca da União Europeia e Desenho Comunitário) e via internacional (marca internacional, desenho internacional e pedido internacional de patente – PCT).

Os direitos em causa têm assim proteção confinada ao território nacional, território da União Europeia e territórios dos Estados que ratificaram a Convenção sobre a Patente Europeia, que não corresponde apenas ao território da União Europeia.

Vamos agora discorrer, num perspetiva muito prática, sobre as diversas e mais relevantes modalidades de direitos privativos de propriedade industrial, a que se seguirá uma referência ao direito de autor e, ainda, aos chamados *trade secrets* (segredos de negócio ou informações não divulgadas).

II.I Patentes de invenção

Antes de mais, é importante fazer notar que, *grosso modo*, uma patente de invenção é uma solução técnica para a resolução de um problema técnico. Naturalmente, uma patente pode propor mais do que solução técnica para mais do que um problema técnico, desde que o escopo técnico das soluções e problemas estejam no mesmo domínio científico ou tecnológico e que correspondam a uma só invenção e não a várias invenções.

Para desde logo desfazer equívocos recorrentes e que, em muitos casos, incorrem os empreendedores, particularmente de *startups*, as meras ideias, ainda que impliquem tecnicidade, não são suscetíveis de ser protegidas como patentes.

O que releva é, por um lado, a existência de uma solução técnica para um problema técnico, e, por outro lado, que essa solução goze de novidade, atividade inventiva e aplicabilidade industrial, como veremos mais adiante.

Antes, porém, é também útil assinalar que há matérias que são, à partida, insuscetíveis de proteger como patentes, tal como dispõe a lei.

Assim, não podem ser objeto de patente: as descobertas, as teorias científicas, os métodos matemáticos, os materiais ou as substâncias já existentes na natureza e as matérias nucleares, as criações estéticas (como a moda), os projetos, os princípios e os métodos do exercício em matéria de jogo ou no domínio das atividades económicas (por exemplo, os simples ou mesmo mais elaborados métodos de negócio) e os programas de computador (como tais, sem qualquer contributo técnico, sem prejuízo da proteção de software ao nível do direito de autor, como se referirá mais tarde).

Isto significa que, em muitas ocasiões, as ideias e mesmo os métodos – por muito meritórios que sejam – que se encontrem nas citadas previsões não podem ser protegidas como patentes.

Faz-se aqui um relevante parêntesis quanto aos *trade secrets* (segredos de negócio) que, não dependendo de qualquer mérito de uma solução técnica que seja nova, implique atividade inventiva e seja suscetível de aplicação industrial, podem ser uma muito útil e determinante alternativa à proteção como um direito de patente dos ativos intangíveis da empresa, desde que sejam tomadas medidas, algumas muito rigorosas, que visem garantir a manutenção e preservação da confidencialidade do *know-how* associado a tais segredos.

Quanto às patentes – repita-se, uma solução técnica para um problema técnico – as invenções que lhes estão subjacentes devem obedecer aos requisitos legais que enunciaremos de seguida, de modo a serem protegidas como direitos de patentes.

Desde logo, as invenções que mereçam um direito de patente, têm de gozar de novidade, ou seja, a solução técnica proposta não pode estar compreendida no denominado estado da técnica: tudo o que, dentro ou fora do país, foi tornado acessível ao público antes do pedido de patente, por descrição, utilização ou qualquer outro meio.

O conceito de novidade é universal, i.e. qualquer documento, estudo ou divulgação por outros meios, em qualquer parte do mundo, antes da data do pedido de patente destrói a novidade.

E isto aplica-se inclusivamente às próprias divulgações públicas, ainda que perante um círculo restrito de pessoas, feitas pelo(s) inventor(es) da patente.

Neste sentido, um dos conselhos prioritários básicos a dar a inventores e empreendedores económicos, designadamente em projetos de *startups*, é no sentido de nunca divulgarem antes do pedido de patente, de nenhuma forma – a exibição em feiras internacionais é um exemplo clássico – os novos produtos candidatos a pedidos de patente, sob pena de se encontrar comprometida, e de forma irremediável, a novidade da patente e a possibilidade de proteger essa patente.

Do mesmo modo, a patente deve implicar atividade inventiva, ou seja, a solução técnica a proteger não pode resultar de maneira evidente do estado da técnica, para um perito na especialidade.

De uma forma mais prática diremos que o teste a ser feito passa por questionar se, para um perito na especialidade no domínio científico ou tecnológico a que o pedido de patente diz respeito, a solução técnica proposta seria evidente em face do estado da técnica existente à data desse pedido de patente. Se a resposta for positiva, não existe atividade inventiva.

Para concretizar ainda mais o conceito em causa deve ter-se presente que no caso de concluir-se que o perito na especialidade[7] devia (não que meramente "podia") ter chegado à solução técnica proposta de uma maneira óbvia, a resposta é a de que a patente não tem atividade inventiva.

Se, pelo contrário, o conteúdo técnico da patente não era óbvio para um perito na especialidade, porque essa solução até é inesperada e surpreendente – por vezes mesmo contra a "corrente" do estado da técnica – então a patente gozará de atividade inventiva.

O último requisito de patenteabilidade diz respeito à aplicabilidade industrial, isto é, o objeto da invenção deve poder ser fabricado e replicado à escala industrial. Como exemplo elucidativo, nas patentes farmacêuticas, caso o produto farmacêutico seja novo e tenha um passo inventivo mas só possa ser exequível em escala meramente laboratorial e não industrial, a patente não terá aplicabilidade industrial.

Nas patentes mecânicas – e.g. relacionadas com peças de automóveis ou maquinaria industrial – a suscetibilidade da sua aplicabilidade industrial é mais fácil de conceber e avaliar.

[7] A expressão inglesa "person skilled in the art" pode ser mais clara.

O direito de patente permite que o seu titular goze de um exclusivo de mercado quanto à exploração comercial da invenção em qualquer parte do território onde a patente se encontre protegida.

E a patente confere ao seu titular o direito de impedir a terceiros, sem o seu consentimento – por exemplo através de um contrato de licença de exploração da patente – o fabrico, a oferta, a armazenagem, a introdução no comércio ou a utilização do produto objeto de patente, ou a importação ou posse do mesmo, para algum dos fins mencionados.

O prazo de validade de uma patente é de vinte anos contados da data do respetivo pedido.

Uma solução alternativa a um pedido de patente *normal* e que se tem revelado bastante útil, prática e menos dispendiosa, é a apresentação de um pedido provisório de patente que agiliza a gestão do que se pretende proteger como direito de patente. Com efeito, apresenta a vantagem de ser um pedido provisório, que pode ser melhorado e desenvolvido ao longo de um período de um ano, e permite desde logo assegurar a prioridade da patente, i.e. a data de prioridade dessa patente, marcando uma posição de vantagem quanto a eventuais pedidos de patente posteriores apresentados por terceiros que conflituem com o conteúdo do pedido provisório de patente. Note-se que, em Portugal (e.g. na maior parte dos países europeus) a data de apresentação de um pedido de patente ou de pedido de registo (de marca, desenho, etc.) é fundamental para assegurar a prioridade desse pedido face a pedidos posteriores. Vigora assim um princípio que em inglês é designado como *first to file* que traduz a realidade de que quem apresentar um pedido em primeiro lugar goza dessa prioridade.

Ora, o pedido provisório de patente pode ser convertido em pedido definitivo de patente no já referido prazo limite de doze meses, em que o conteúdo técnico da patente – por exemplo, a redação mais cuidada da descrição e reivindicações da patente – pode ser trabalhado e desenvolvido com mais tempo.

Em face do exposto, permitimo-nos concluir que a via de proteção de patentes de invenção é uma fasquia técnica muito elevada e deve ser bem avaliada e estudada, aconselhando-se sempre o recurso a profissionais especializados nesse trabalho, como os agentes oficiais da propriedade industrial ou advogados especialistas nessa matéria.

II.II Modelos de utilidade

O modelo de utilidade obedece aos mesmos requisitos de proteção aplicáveis às patentes mas constitui uma forma de proteção das invenções por um procedimento mais simplificado e acelerado relativamente às patentes.

Conquanto que goze de novidade, atividade invetiva e aplicabilidade industrial, bastará porém que assegure uma (mera) vantagem prática, ou técnica, para o fabrico ou utilização do produto ou do processo técnico em causa.

É assim uma alternativa mais prática em relação à patente de invenção, no entanto só pode ser protegida a nível nacional ou via PCT e tem uma validade mais curta de 6 anos contados da data de apresentação do pedido, com possibilidade de prorrogação por dois períodos de prorrogação de 2 anos, portanto com o limite máximo de dez anos a contar da data do pedido de modelo de utilidade.

II.III Desenhos ou modelos

Os desenhos ou modelos permitem proteger a aparência da totalidade, ou de parte, de um produto resultante das características de, nomeadamente, linhas, contornos, cores, forma, textura ou materiais do próprio produto e da sua ornamentação.

Trata-se de uma modalidade muito usada em várias industriais – e.g. indústria automóvel, dos acessórios de moda, de mobiliário e de eletrodomésticos ou utensílios de diversos setores económicos.

No fundo, o desenho protege uma determinada forma, do ponto de vista da sua geometria de linhas, contornos, cores e textura.

Para que um desenho ou modelo possa ser protegido pelo competente registo, deve obedecer, tal como qualquer direito de propriedade industria, a determinados requisitos legais.

Desde logo, o desenho ou modelo deve ter novidade, significando que não pode ser idêntico ou ter uma aparência global muito semelhante a qualquer desenho ou modelo cujo registo seja anterior ao desenho ou modelo submetido a registo.

Por outro lado, deve apresentar carácter singular, isto é, a impressão global que suscita no utilizador informado deve ser diferente da impressão global causada a esse utilizador por qualquer desenho ou modelo divulgado ao público antes da data do pedido de registo ou da prioridade reivindicada.

Note-se que o utilizador informado não é um perito na especialidade, tal como nas patentes, sendo antes um técnico do setor que conhece bem os produtos existentes no mercado a que respeita o produto em causa. Não é assim um perito que possua necessariamente uma vertente técnica mas um profissional do setor que tem uma visão global conhecedora dos produtos que estão em concorrência no mercado em apreço.

O desenho ou modelo, talvez com a mais conhecida exceção dos E.U.A., não protege quaisquer aspetos técnicos ou funcionais, apenas as características estéticas e ornamentais que foram já mencionadas quanto à forma do produto.

O registo de desenho ou modelo tem uma validade de cinco anos e pode ser renovado, por iguais períodos, até ao limite máximo de vinte e cinco anos.

II.IV Marcas

Diremos que, antes de qualquer outra modalidade de direitos de propriedade industrial, a proteção da marca de produtos e/ou serviços de uma empresa é o primeiro passo que deve ser equacionado.

É que, a marca é o sinal distintivo que é aposto nos produtos da empresa e que vai estar diretamente associado a uma determinada empresa por banda do público consumidor e do mercado em geral, distinguindo-a de outras marcas de produtos e/ou produtos de outras empresas.

Usando as palavras da lei, a marca é um "*sinal ou conjunto de sinais suscetíveis de representação gráfica, nomeadamente palavras, incluindo nomes de pessoas, desenhos, letras, números, sons, cor, a forma do produto ou da respetiva embalagem, ou por um sinal ou conjunto de sinais que possam ser representados de forma que permita determinar, de modo claro e preciso, o objeto da proteção conferida ao seu titular, desde que sejam adequados a distinguir os produtos ou serviços de uma empresa dos de outras empresas*".

Na sequência da aprovação e entrada em vigor do atual Código da Propriedade Industrial, em 2018, a representação gráfica do sinal marcário deixou de ser a única representação possível pois também é possível representá-lo "*de forma que permita determinar, de modo claro e preciso, o objeto da proteção conferida ao seu titular*".

Embora a interpretação desta previsão legal possa suscitar algumas discussões mais ou menos complexas, tem-se como certo que determinadas marcas que não eram suscetíveis de serem protegidas – como as marcas em movimento, as marcas compostas apenas por uma cor, as marcas de hologramas – são agora admitidas a registo.

A proteção da marca assume um papel primordial na estratégia empresarial visto que o exclusivo do seu uso e exploração no mercado, conferido pelo respetivo registo, constitui um fator de competitividade e conquista de novos mercados.

De resto, sublinha-se que assegura a associação de um sinal distintivo à atividade de uma determinada empresa, o que permite que o consumidor e os *stakeholders* a distingam das marcas de produtos e/ou serviços de outras empresas.

O registo da marca, que é constitutivo do respetivo direito[8], tal como os outros direitos, é válido nos territórios em que se encontra protegido e obedece ao chamado princípio da especialidade que nos diz que a marca protege o sinal distintivo apenas para os produtos e/ou serviços que se encontram elencados no respetivo título de registo.

Assim, com a exceção das marcas de prestígio – conceito jurídico aplicável a marcas que sejam sobeja e globalmente conhecidas pelo público consumidor, como facto público e notório – os titulares de registos de marcas prioritários não podem impedir terceiros de registar e usar marcas idênticas ou semelhantes posteriores que não se destinem aos mesmos produtos ou produtos afins da marca prioritária.

Pelo que, salvaguardando por exemplo situações atinentes a factos relacionados com concorrência desleal, podem coexistir – e coexistem –

[8] Em determinados países, o uso prioritário de uma marca, independentemente de registo, confere a possibilidade de oposição a pedidos de registo posteriores àquele uso, mas isto não se aplica a Portugal e outros países em que o registo é constitutivo do direito de marca..

no mercado marcas idênticas ou semelhantes cujos registos se limitem a determinados produtos e/ou serviços que não sejam idênticos ou afins.

O direito de marca é o único direito de propriedade intelectual (incluindo até o direito de autor) cuja validade é ilimitada porquanto o registo é valido por dez anos, prorrogáveis indefinidamente por idênticos períodos desde que sejam pagas as respetivas taxas de concessão e renovação.

II.V Outros direitos de propriedade industrial

A título de exemplo, existem ainda as modalidades de topografias de produtos semicondutores, que são os materiais condutores com funções eletrónicas, exclusivamente ou em conjunto com outras funções e válidos pelo prazo de 10 anos.

Os logótipos, que são sinais distintivos da entidade que preste serviços ou comercialize produtos – uso em estabelecimentos, anúncios, impressos ou correspondência, e que é diferente da marca, que normalmente é conhecida, erradamente, por logótipo, válidos por período de 10 anos.

As denominações de origem e indicações geográficas, direito particularmente relevante para países produtores de vinhos e outras especialidades ligadas à agricultura, que protegem a especial qualidade desses produtos em função das caraterísticas físicas e humanas da sua origem geográfica. .

II.VI Concorrência desleal

Trata-se de um ato de concorrência contrário às normas e usos honestos de qualquer ramo de atividade, nomeadamente os atos suscetíveis de criar confusão com a empresa, o estabelecimento, os produtos ou os serviços dos concorrentes, qualquer que seja o meio empregue.

A lei sanciona os comportamentos concorrenciais desonestos dos empresários, industriais e comerciantes.

Em diversas ocasiões, é indevidamente usada em situações que nada têm que ver com a concorrência desleal que surge a maior parte das vezes associada à infração concomitante de direitos de propriedade industrial.

III. Segredos de negócio (*trade secrets*)

Tal como se referiu anteriormente, e muito embora os segredos de negócio não constituam direitos de propriedade industrial, há diversas circunstâncias em que, ou por opção estratégica, ou por impossibilidade legal de proteção por patente – por inexistirem os requisitos de que depende a sua proteção nessa sede – deve ser equacionado o cumprimento dos requisitos estabelecidos na lei para que se possa usufruir da tutela jurídica dos segredos de negócio ou informações não divulgadas.

Desde logo, para que essa tutela exista o segredo de negócio deve dizer respeito a matéria, geralmente técnica, que constitui um segredo comercial, ou seja, apenas do conhecimento de responsáveis (normalmente um círculo restrito de pessoas) de uma empresa em relação ao *know-how* associado à conceção, produção ou fabrico de um produto e/ou serviço.

Adicionalmente, o segredo de negócio deve ter um valor comercial, isto é, deve ser financeiramente mesurável, designadamente no que toca ao lucro empresarial.

Por último mas não menos relevante, devem ser implementadas diligências rigorosas, quer no seio da empresa, quer perante terceiros, no sentido de manter as informações e *know-how* em causa como secreto.

Deste modo, é fundamental o recurso a contratos com os trabalhadores e colaboradores das empresas onde se preveja a conservação dos segredos de negócio e uma forte punição monetária para divulgações indevidas, assim como os chamados *Non-Disclosure Agreements* com terceiros, de maneira a que a divulgação de segredos de negócio, quando absolutamente necessária (para desenvolvimento técnico de know-how ou mesmo para contratos de licenciamento de segredos de negócio, com contrapartidas financeiras) seja devidamente acautelada do ponto de vista jurídico e da sua tutela jurisdicional.

IV. A dinâmica dos direitos de propriedade industrial

A existência jurídica dos direitos de propriedade industrial permite a sua exploração exclusiva pelo respetivo titular, ou por terceiros mediante o acordo do titular.

Tratando-se de direitos que incorporam e protegem novas tecnologias, os modos e os fins dessa exploração têm grande relevo técnico e económico. A exploração económica pelo titular, mas também a exploração económica por terceiros mediante licença do titular, assumem uma importância capital no desenvolvimento económico, técnico e industrial. Quer quando as empresas são originadoras de tecnologia ou quando são destinatárias da mesma ou quando cooperam com terceiros para obter novas tecnologias.

Os processos de transferência de tecnologia e conhecimentos fazem-se, nomeadamente, pelo recurso à celebração de contratos de licença ou de contratos de transferência de tecnologia, ou por meio de acordos de investigação e desenvolvimento ou por acordos de cooperação industrial ou por acordos de comunicação de segredos de negócio (*knowhow*). Todos estes tipos de contratos têm o propósito de criar, licenciar ou transferir tecnologia para desenvolver novos produtos e serviços, com o objetivo de os colocar no mercado.

De acordo com as regras legais, na negociação e na celebração destes contratos vigora o princípio da liberdade contratual temperado pelos limites legais existentes no que se refere à boa-fé nos contratos, à forma do contrato, à licitude do objeto e das garantias, à publicidade relativa a terceiros e ao respeito pelas regras da concorrência e pelo objeto específico dos direitos de propriedade industrial. Estes tipos de contratos são celebrados entre duas ou mais partes.

Neste âmbito e com particular relevo para o setor das *start ups*, destacamos a importância da cooperação entre as universidades e as empresas, cujos resultados técnicos já colocaram inúmeros produtos novos no mercado ou contribuíram para a melhoria de muitos processos industriais de fabrico de novos produtos. A cooperação entre universidades e empresas também é importante para permitir o financiamento da investigação através do licenciamento para as empresas do conhecimento patenteado.

Para as *start ups* a titularidade de propriedade industrial, permite-lhes desenvolver e comercializar os seus novos produtos e serviços com segurança jurídica, assim como atrair investidores e indústrias, que baseados nessa segurança jurídica, contribuem para dinamizar a atividade das *start ups* e chegar ao mercado com maior segurança e rapidez.

A titularidade de direitos de propriedade industrial, nomeadamente de patentes de invenção, modelos de utilidade, desenhos ou modelos e topografias de produtos semi-condutores, que são direitos que protegem a inovação, permite que as *startups* que possuam esses direitos, com segurança, entrem em acordos de cooperação industrial ou acordos de financiamento com terceiros que facilitem o desenvolvimento, o uso e a exploração desses direitos através de contratos de licenciamento ou outros.

Os esquemas contratuais também permitem agilizar a colaboração entre as *startups* e as universidades em atividades de pesquisa e desenvolvimento de novas tecnologias e de novos produtos, gerando direitos de propriedade industrial, de cuja exploração económica posterior poderão resultar os resultados económicos e financeiros e criação de riqueza. O lucro gerado também permite o reinvestimento em mais investigação e desenvolvimento de novos produtos e tecnologias – o chamado *research and development* – e que devem ser protegidas por direitos de propriedade industrial, cuja existência, sucessivamente, permitirá o avanço tecnológico e, como se disse, a criação de riqueza.

Uma palavra final também para o licenciamento de exploração de marcas, que constitui uma ferramenta jurídica muito relevante para a expansão das empresas nos mercados.

Aos respetivos contratos aplicam-se os princípios e regras acima indicados.

O direito de marca, que poderá estar igualmente aliado aos segredos de negócios, gera, mantém e potencia modelos de negócio que perduram no tempo. Isto porque o direito de marca e os segredos de negócio são perpétuos, desde que o registo de marca seja periodicamente renovado e os segredos de negócio mantidos confidenciais, nos termos já mencionados.

A propriedade industrial é, pois, um conjunto de direitos e de ativos de enorme impacto no desenvolvimento das *startups* e com notório contributo para a geração de riqueza.

É sem dúvida um ponto de partida estratégico para o sucesso das *startups*.

Constituição da sociedade | Tipos Societários | Acordos Parassociais | Stock Option Plan e Vesting | Cliff

CÉSAR BESSA MONTEIRO JR.
MARTA ROMANO DE CASTRO
ANDRÉ ABRANTES NEVES

1. Constituição de Sociedade

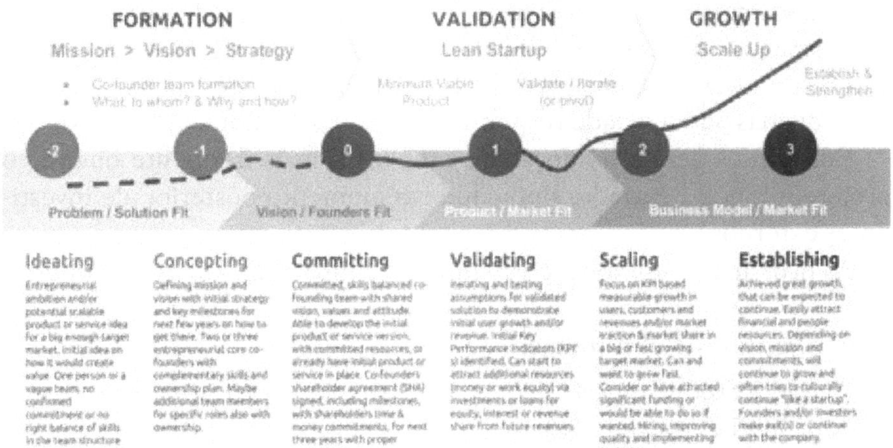

Quando surge a ideia de criar uma startup, os empreendedores, como não podia deixar de ser, estão mais focados no projeto e no desenvolvimento da ideia (em si), do que propriamente na organização da estrutura que vai servir de substrato à materialização do mesmo e num futuro próximo, na sua proteção enquanto sócios.

No entanto, uma organização prévia e pensada da estrutura societária e de financiamento, que servirá de substrato à materialização do projeto, poderá evitar futuras questões e mesmo problemas.

No início do projeto, os empreendedores estão imbuídos de um espirito de construção de um ideal comum, pelo que será mais fácil materializar em documentos escritos (todas) as regras que regerão as suas relações presentes e futuras.

Temas como: que sociedade constituir, que investimento é necessário, como repartimos as tarefas, como obtemos financiamento, que proteção temos, como resolvemos conflitos, não são normalmente acautelados. Do todo o modo, se devidamente debatidos e materializados em documentos escritos, evitam-se problemas futuros.

No ordenamento jurídico português existem vários tipos de estruturas societárias, mas de acordo com a nossa experiência, os dois tipos mais frequentemente utilizados são: (i) a Sociedade Anónima ("SA") e (ii) a Sociedade por Quotas ("LDA").

Normalmente utilizam-se estes dois tipos de sociedades, uma vez que as mesmas são de responsabilidade limitada, isto é, os sócios / acionistas não respondem de forma pessoal pelas dívidas da sociedade; visto que pelas dívidas da sociedade responde apenas o património da mesma.

Em termos gerais, a adoção de uma SA é mais frequente quando o projeto implica a entrada, ainda que em momento posterior, de investidores externos.

As principais diferenças entre uma SA e uma LDA são as seguintes:

a) Capital social mínimo

SA: 50.000 euros
LDA: 1 euro (por sócio)

b) Requisitos mínimos de entradas em dinheiro no momento da constituição

SA: 30%
LDA: 0

No caso das SA, o valor das entradas em dinheiro (ou o valor mínimo nominal) deverá ser depositado numa instituição de crédito, numa conta aberta em nome da futura sociedade, até à sua constituição, ou nos cinco dias úteis após a apresentação do registo on-line de constituição da sociedade.

No caso das LDA, a realização das entradas em dinheiro deverá ser declarada no ato constitutivo, ou até ao final do primeiro exercício económico.

O pagamento das quantias diferidas tem de ser efetuado em datas certas ou ficar dependente de factos certos e determinados, podendo, em qualquer caso, a prestação ser exigida a partir do momento em que se cumpra o período de cinco anos sobre a constituição da Sociedade.

c) Número mínimo de Sócios / Acionistas

SA: Cinco
LDA: um

Existe, contudo, uma exceção: uma SA pode ser constituída por um único acionista, desde que tal acionista seja uma sociedade.

d) Divisão do Capital

S.A: O capital é dividido em ações, sendo que o seu valor nominal mínimo não deve ser inferior a 1 cêntimo. As ações, que são obrigatoriamente nominativas (i.e, devem identificar claramente o seu titular), podem ser transmitidas por contrato, que não estará sujeito a nenhuma formalidade em particular (à exceção do depósito de formulário oficial junto da Autoridade Tributária – modelo 4 (subscrição/aquisição de valores mobiliários);

LDA: O capital é dividido em "quotas", cada uma com um valor nominal mínimo de 1 euro. As quotas são registadas na Conservatória de Registo Comercial, não tendo uma existência física, e podendo estas ser transmitidas através de contrato.

e) Órgãos Sociais

SA: As SA podem ser estruturadas de acordo com um dos três modelos seguintes:

- O modelo "tradicional" Português, o mais comummente usado nas startups, em que a SA é representada pelos seguintes órgãos: (i) Assembleia Geral, (ii) Conselho de Administração (composto por mais de um membro, e não necessariamente em número ímpar) ou Administrador Único (nos casos em que o capital social da sociedade não exceda 200.000 euros), (iii) Conselho Fiscal, que deverá assumir uma de duas estruturas possíveis: (a) Um Auditor independente (que terá de ter sempre um suplente e tendo ambos de ser contabilistas, ou uma empresa de contabilidade), ou (b) Um Conselho Fiscal (composto por um mínimo de três membros e um suplente, em que pelo menos um dos membros efetivos deverá ser um revisor oficial de contas ou uma empresa de contabilidade), além de um revisor oficial de contas ou uma empresa de revisores oficiais de contas; e (iv) Secretário da Sociedade (que deve ter habilitações académicas adequadas ou ser um assistente jurídico).

- O modelo de dois níveis (ou "*germânico*"), em que a SA é representada pelos seguintes órgãos: (i) Assembleia Geral, (ii) Uma estrutura de dois níveis: (a) Conselho Geral e de Supervisão (que designam os administradores executivos) e (b) O Conselho de Administração executivo ou um administrador executivo (nos casos em que o capital social da sociedade não exceda 200.000 euros), (iii) Auditor Independente, e (iv) Secretário da Sociedade (que deve ter habilitações académicas adequadas ou ser um assistente jurídico).
- O modelo monista (ou "*britânico*"), em que a SA é representada pelos seguintes órgãos: (i) Assembleia Geral, (ii) Uma estrutura monista constituída por um conselho de administração, que inclui uma Comissão de Auditoria composta por um mínimo de três membros, escolhidos pela Assembleia Geral, dos quais alguns têm de ser escolhidos pelos membros do Conselho de Administração, (iii) Auditor Independente, e (iv) Secretário da Sociedade (que deve ter habilitações académicas adequadas ou ser um assistente jurídico).

Estes dois últimos modelos mais complexos são muito pouco usados em Portugal sendo mais frequente vê-los em grandes sociedades anónimas ou em sociedades cotadas.

As competências de gestão são essencialmente concentradas no Conselho de Administração, que tem o dever de zelar pelos interesses da Sociedade. Algumas decisões podem, contudo, ser conferidas aos acionistas. Geralmente, as seguintes matérias são da competência do conselho de administração:

- Escolha do seu presidente;
- Cooptação de administradores;
- Pedido de convocação de assembleias gerais;
- Relatórios e contas anuais;
- Aquisição, alienação e oneração de bens imóveis;
- Prestação de cauções e garantias pessoais ou reais pela sociedade;
- Abertura ou encerramento de estabelecimentos ou de partes importantes destes;
- Extensões ou reduções importantes da atividade da sociedade;
- Modificações importantes na organização da empresa;
- Estabelecimento ou cessação de cooperação duradoura e importante com outras empresas;
- Projetos de fusão, de cisão e de transformação da sociedade;

LDA:

- Assembleia Geral;
- Um ou mais Gerentes;
- Um Auditor Independente ou um Conselho Fiscal, se, num período de dois anos, dois dos seguintes limites se verifiquem:
    1. quando o balanço da Sociedade for superior a 1,5 milhões de euros;
    2. quando o volume de negócios total, bem como outras receitas, seja de pelo menos 3 milhões de euros;
    3. quando se verifique um número médio de 50 ou mais trabalhadores ao longo do ano.
- Por opção dos gerentes, poderá ser nomeado um secretário para a Sociedade (que deve ter habilitações académicas adequadas, ou ser um assistente legal).

Os poderes de gestão corrente pertencem aos Gerentes, devendo estes seguir as instruções dos sócios da Sociedade. As sociedades por quotas são um compromisso entre as sociedades de pessoas e as sociedades de capitais. Tem o benefício da limitação da responsabilidade dos sócios (o que não acontece nas sociedade em nome coletivo e com os sócios comanditados nas sociedades em comandita) e uma estrutura de organização e fiscalização menos complexa (nota que a aproxima das sociedades de pessoas). As sociedades por quotas não são, normalmente, o modelo mais escolhido pelas startups dado que existe uma maior dificuldade em dividir as participações por forma a permitir a abertura do capital social a investidores e atribuir direitos especiais a categorias de quotas.

Já no caso das sociedades anónimas conseguimos atribuir direitos especiais através da criação de categorias de ações (ou seja, não pode ser atribuída ao acionista X, mas antes a todo o acionista detentor de ações da categoria y).

As ações privilegiadas são as que conferem aos respetivos titulares vantagens em relação às situações que caracterizam as demais ações (ordinárias), podendo ser de diversas categorias, ou seja, podem conferir – por categoria – um acervo diferente de direitos – tanto de natureza patrimonial, como de natureza não patrimonial – o que pode ser bastante útil aquando da abertura do capital.

Na perspetiva de quem inicia um projeto de investimento, constituindo uma sociedade, a possibilidade de subscrição de ações privilegiadas poderá ser útil, permitindo salvaguardar uma posição futura – política ou patrimonial – na sociedade, mesmo quando tenha havido supervenientemente uma mitigação da sua participação no capital social.

De facto, será possível, ainda que com a transmissão da maioria das participações sociais, e a consequentente diminuição da possibilidade de controlo da Sociedade, pela retenção de ações privilegiadas – ainda que minoritárias – manter uma influência na Sociedade, desproporcional às participações agora detidas.

Do mesmo modo, e correlativamente, para os investidores a possibilidade de subscrição de ações privilegiadas que lhes permitam ter um *plus* de influência, face àquilo que resulta da lei, traduzindo-se num ganho patrimonial ou pessoal especial, será bastante atrativa.

As ações privilegiadas tornam-se, assim, um importante instrumento de captação de investimento.

O *procedimento* de constituição de Sociedade poderá ser desenvolvido através de um dos seguintes métodos:

a) Método tradicional

A constituição de uma Sociedade através do método tradicional implica a tramitação dos seguintes passos:

1. Definição do Tipo de Sociedade, acompanhada do seu pacto social, bem como da estrutura de gestão da empresa.
2. Obtenção de número de identificação de pessoa coletiva ("NIPC") junto do Registo Nacional de Pessoas Coletivas ("RNPC") para as sócias/acionistas pessoas coletivas, caso as mesmas ainda não o possuam[1].
3. Obtenção de número contribuinte português (NIF) para os sócios/acionistas pessoas singulares e para os membros dos órgãos de administração, caso as mesmas ainda não o possuam[2].
4. Aprovação do nome e da atividade da Sociedade pelo RNPC e subsequente atribuição de um NIPC.
5. Depósito do capital social da Sociedade, caso não seja decidido que ocorrerá em momento posterior, como se refere acima.
6. Assinatura do documento de constituição (sendo sempre necessária a presença de todos os sócios/acionistas; podem, no entanto, ser devidamente representados por um procurador com poderes especiais para o efeito).
7. Registo da Sociedade na Conservatória de Registo Comercial (pode ser realizado online).

---

[1] Os documentos necessários para obter o NIPC são: certidão do registo comercial e pacto social, devidamente legalizados com a Apostilha da Convenção de Haia.

[2] Os documentos necessários são (i) cópia certificada do documento de identificação, (ii) prova de morada e (iii) nomeação de representante fiscal, caso o requerente seja residente fora da UE.

8. Publicação obrigatória da constituição da Sociedade no site "Publicações Eletrónicas" (feita pela Conservatória de Registo Comercial).
9. Entrega (por um contabilista) da declaração de início de atividade junto da Autoridade Tributária e Aduaneira e dos Serviços de Segurança Social.
10. Abertura dos livros de atas de AG (SA e LDA) e Conselho de Administração (SA).
11. Submissão da Declaração do Beneficiário Efetivo junto do Registo Central do Beneficiário Efetivo.[3]

b) "*Empresa na Hora*"

Além do método tradicional de constituição de Sociedades, estas podem também ser constituídas em Portugal através da Empresa na Hora, que é um método mais expedito de constituição de Sociedades.

Será, neste caso, necessário optar por um dos nomes fantasia já existentes, através da Lista de Nomes Fantasia disponível no serviço de criação da Empresa Online. Esta Lista consiste numa seleção de nomes propostos pelo RNPC, aos quais estão associados um NIPC e um número de Segurança Social, gerado no momento da constituição da sociedade. O nome da sociedade comercial fica reservado até à seleção do modo de pagamento, por um período máximo de 24 horas.

Será, igualmente, necessário optar um modelo de pacto social pré-aprovado pelo RNPC, consoante o tipo de sociedade que se queira constituir.

Excetuam-se deste método de constituição de Sociedades, as sociedades cujo capital seja realizado com recurso a entradas em espécie em que, para a transmissão dos bens com que os sócios entram para a sociedade,

[3] Será considerado Beneficiário Efetivo da Sociedade a(s) pessoa(s) singular(es) que, alternativamente, preencham as seguintes condições: (i) detenham, diretamente, pelo menos, 25% do capital social da Sociedade; (ii) detenham, indiretamente, pelo menos 25% do capital social da Sociedade; (iii) caso nenhuma pessoa singular seja identificada em resultado da aplicação de (i) e (ii), a(s) pessoa(s) singular(es) que detenham a direção de topo da Sociedade.

seja exigida forma mais solene do que a forma escrita. Também se excetuam as sociedades anónimas europeias.

As obrigações descritas acima, relativas à entrega das declarações de início de atividade junto da Autoridade Tributária e Aduaneira e dos Serviços de Segurança Social, da declaração do beneficiário efetivo e da abertura dos livros de atas mantêm-se, nos seus exatos termos, ainda que a Sociedade seja constituída deste modo.

2. Acordos Parassociais

É difícil prever o futuro, mas a chave para o sucesso e durabilidade de uma relação societária está na tentativa de acautelar todos situações que podem de alguma forma bloquear os destinos da sociedade e até levar a sua dissolução.

Como se referiu supra, no início do projeto os empreendedores estão imbuídos de um espirito de construção de um ideal comum, pelo que será mais fácil materializar em documentos escritos todas as regras que regerão as suas relações presentes e futuras.

O espirito inicial pode alterar-se e as divergências podem surgir a todo o momento com o decorrer da vida societária.

Nesse sentido, para além do pacto social (que plasmará as regras de funcionamento da sociedade), existe outro documento fundamental numa startup: o acordo parassocial, que define matérias específicas da vida societária, dentro dos limites estatuídos pela Lei.

A Lei Portuguesa atribui uma eficácia meramente obrigacional a este tipo de acordo, pelo que apenas produzem efeitos entre as partes, não podendo ser invocados para impugnar atos da sociedade ou dos sócios para com a sociedade.

Em termos muito sucintos, a Lei regula a qualidade de sócio, as formas de organização e funcionamento dos vários tipos societários e as alterações básicas que podem ocorrer na vida da sociedade (aumentos e reduções de capital, financiamento por suprimentos e prestações suplementares e acessórias de capital, transformações em outro tipo de sociedade, fusões (domésticas e transfronteiriças), cisões e a dissolução e liquidação da sociedade).

Contudo, nas relações entre sócios e na sua relação / obrigações para com a sociedade, a Lei deixa algum campo aberto à disponibilidade e criatividade dos sócios.

Assim é essencial regular as saídas e entradas de novos sócios e não menos importante criar mecanismos para evitar situações de impasse.

Numa perspetiva de futuro não nos podemos esquecer que com a entrada de um exterior as participações dos *founders* ficam diluídas pelo que se mostra necessário cria mecanismos que proteção a sua participação social que que por exemplo lhes permita manter um assento na administração ainda que tenham uma participação minoritária.

Também não nos podemos esquecer de criar regras para a permanência dos *founders* ou de alguns *Key employees* em caso de venda de parte ou totalidade do capital social.

Descrevemos abaixo algumas matérias que, normalmente, são reguladas através de Acordo Parassocial:

- Tempo obrigatório de permanência no projeto
- Obrigatoriedade de, em caso de venda de uma determinada participação, o sócio transmitente (normalmente maioritário) ser obrigado a incluir na venda as participações dos sócios minoritários, de forma a evitar que este se mantenham na sociedade caso a maioria inicial se altere
- Possibilidade de, em caso de venda de uma determinada participação, o sócio transmitente (normalmente maioritário) poder incluir na venda as participações dos sócios minoritários, por forma a possibilitar a transmissão da totalidade do capital social
- Mecanismos de resolução de conflitos (por exemplo, possibilidade de compra por um sócio das participações dos demais e forma de avaliação dessas participações)
- Regras para a designação, destituição e funcionamento de órgãos sociais
- Regas e formas de acesso à informação societária
- Formas de financiamento e de equilíbrio dos capitais próprios da sociedade
- Regras sobre a distribuição de dividendos

- Regas para indeminização, no caso de incumprimento do Acordo Parassocial.

3. Os *Stock Options Plans e o exercício do direito de vesting*

Os *Stock Options Plans* (SOP´s) foram criados para incrementar o estatuto remuneratório dos membros dos órgãos sociais das sociedades, e posteriormente dos trabalhadores em geral, bem como para alinhar os interesses dos trabalhadores (entendidos em sentido lato) e/ou dos membros dos órgãos sociais com os da própria sociedade. O desempenho e resultados económicos desta tem impacto na remuneração daqueles.

Em qualquer caso, no desenho dos SOP's deve procurar-se um equilíbrio entre os interesses da sociedade (menor oneração possível) e os interesses dos trabalhadores e dos membros dos órgãos sociais das sociedades (maior beneficio económico possível). Como em tudo, a virtude estará no equilíbrio entre ambos os interesses.

Os SOP´s materializam-se num contrato entre um trabalhador/membro de órgão social pelo qual este adquire o direito a comprar um número predeterminado de participações sociais da sociedade (*vesting right*), a um preço pré-determinado (*strike price*) e após decorrido um determinado período de tempo (*vesting period* – em média, estará compreendido entre os 3 e os 5 anos).

Existem, fundamentalmente, dois tipos de *vesting*: (i) *Cliff vesting*, no qual o exercício da opção de aquisição das participações sociais ocorrerá num único momento no tempo, coincidindo com o termo do *vesting period* e (ii) *Graded vesting*, no qual o exercício da opção de aquisição de participações sociais ocorrerá gradualmente durante o *vesting period*.

Quando surge a ideia de criar uma startup, muitas vezes não é possível que todos os membros da equipa de empreendedores participem do capital social da sociedade que servirá de substrato ao projeto. Assim, a criação de um SOP poderá ser a forma de alinhar os interesses dos trabalhadores que contribuem para o projeto, mas que ainda não participam no capital social da sociedade, com os interesses de desenvolvimento económico da própria sociedade.

Formação da Equipa | Relação com trabalhadores | Prestadores de Serviços | Não Concorrência | Não Solicitação | Prevenção de Riscos

MADALENA CALDEIRA
PATRÍCIA PERESTRELO

I. Formação de equipas

As equipas constituem, sem dúvida, o fator maior no desenvolvimento de qualquer atividade e nessa medida é essencial compreender, desde o início, como estabelecer relações com aqueles que terão a cargo essa tarefa.

Entramos assim no domínio da contratação. Como contratar os meus colaboradores? Vamos ver e fazer uma breve introdução por conceitos básicos mas essenciais para navegar no direito do trabalho: trabalhador, empregador, trabalhador independente ou prestador de serviços e trabalhador temporário.

O Código do Trabalho não fornece uma definição legal para quem é empregador ou trabalhador, mas define o contrato de trabalho como o contrato pelo qual uma pessoa (o trabalhador) se obriga, em troca de remuneração, a prestar trabalho a uma ou mais pessoas/entidades (empregador/empregadores), sob a sua autoridade e direção.

O Código do Trabalho também não contém uma definição legal de trabalhador independente. O elemento chave que distingue e separa um trabalhador independente ou prestador de serviços de um trabalhador é a subordinação jurídica inerente à relação de trabalho e que não existe numa relação com um trabalhador independente. Enquanto o trabalhador se obriga a desempenhar uma atividade, o trabalhador independente obriga-se a alcançar um determinado resultado.

Também de acordo com o que prescreve o Código do Trabalho um indivíduo é trabalhador temporário quando celebra um contrato com uma empresa de trabalho temporário ("ETT") para realizar uma tarefa ou atividade temporária em benefício de um terceiro ("Utilizador"), em troca de remuneração. O contrato pode ser um contrato de trabalho a termo ou um contrato de trabalho por tempo indeterminado para cedência temporária.

I.I. Contratos de trabalho

Em geral, os contratos de trabalho podem ser celebrados a termo (certo ou incerto como se verá adiante) ou por tempo indeterminado.

Salvo quando a lei preveja diversamente, como acontece, por exemplo, na contratação a termo, os contratos de trabalho não estão sujeitos a formalidades especiais, designadamente a forma escrita.

É de 16 anos a idade mínima de admissão de um trabalhador ao serviço do empregador, mediante contrato de trabalho. A relação jurídico-laboral a estabelecer, nestes casos, está sujeita a determinadas condições legais.

Por sua vez, a idade da reforma por velhice encontra-se atualmente fixada em 66 anos e 7 meses, mas vai recuar em 2023 para 66 anos e 4 meses.

Caso o trabalhador atinja os 70 anos sem que requeira a sua reforma, o respetivo contrato de trabalho converte-se em contrato de trabalho a termo certo de 6 meses, podendo o empregador fazer cessar o mesmo no termo dos 6 meses ou posterior.

i. Contratos de Trabalho a Termo (Certo ou Incerto)

Os contratos de trabalho a termo apenas podem ser celebrados para a satisfação de necessidades temporárias da empresa e pelo período estritamente necessário à satisfação dessa necessidade, sob pena de se converterem em contratos de trabalho sem termo, ou seja, por tempo indeterminado.

A justificação deste tipo de contratos, bem como a sua duração encontra-se, por conseguinte, limitada à duração da necessidade existente, pelo que o contrato fica sujeito a um termo que poderá ser certo ou incerto, consoante a sua duração efetiva seja ou não previsível, respetivamente.

A duração mínima dos contratos de trabalho a termo certo é de 6 meses, salvo nos casos expressamente previstos na lei e como regra geral, este tipo de contratos pode ser renovado até 3 vezes e a sua duração não pode exceder, no total, 2 anos.

Os contratos de trabalho a termo incerto mantêm-se em vigor até à ocorrência do evento para o qual foi celebrado, por exemplo, regresso ao trabalho do trabalhador ausente ou a conclusão de atividades/tarefas para as quais o trabalhador estava envolvido, sujeito a um prazo máximo de 4 anos.

As situações relevantes que podem justificar a celebração deste tipo de contratos encontram-se expressamente elencadas no Código do Trabalho sendo de destacar, para o nosso caso, a hipótese de lançamento de uma nova atividade de duração incerta, início de laboração de empresa ou de estabelecimento pertencente a empresa com menos de 250 trabalhadores pelos período de dois anos posterior a esses factos.

Com efeito, o lançamento de uma nova empresa é, reconhecidamente uma situação em que um empregador vai necessitar de contratar trabalhadores mas, porque não sabe se a atividade vai ou não ser bem sucedida, pode contratar temporariamente, reconhecendo a lei que esta contratação é lícita.

Os contratos de trabalho a termo devem ser celebrados por escrito e conter toda a informação legalmente exigida.

Os trabalhadores contratados ao abrigo de contrato de trabalho a termo têm os mesmos direitos e deveres aplicáveis aos trabalhadores com contrato de trabalho sem termo em igualdade de circunstâncias.

ii. Contratos por tempo indeterminado

Os contratos por tempo indeterminado são aqueles que, não estando sujeitos, em regra, a forma escrita – salvo se a lei expressamente impuser – não têm uma duração determinada, ou seja, não têm data prevista para o seu termo.

A sua cessação pelo empregador depende da existência de uma causa – objetiva ou subjetiva – como infra veremos.

iii. O que deve constar do contrato

Na maioria das vezes, os contratos não são redigidos em detalhe, porque muitas das condições ou termos contratuais encontram-se previstos na lei ou em instrumentos de regulamentação coletiva.

Todavia, como a lei impõe ao empregador a prestação de um conjunto de informações por escrito ao trabalhador, afigura-se desejável, por razões de natureza probatória, que os contratos sejam reduzidos a escrito contendo, além das condições específicas acordadas entre as partes, as disposições que devem ser transmitidas por escrito aos trabalhadores e que a seguir se indicam, a título exemplificativo: a) a identificação nomeadamente, sendo sociedade, a existência de uma relação de coligação societária, de participações recíprocas, de domínio ou de grupo, bem como a sede ou domicílio; b) O local de trabalho ou, não havendo um fixo ou predominante, a indicação de que o trabalho é prestado em várias localizações; c) A categoria do trabalhador ou a descrição sumária das funções correspondentes; d) A data de celebração do contrato e a do início dos seus efeitos; e) A duração previsível do contrato, se este for celebrado a termo; f) A duração das férias ou o critério para a sua determinação; g) Os prazos de aviso prévio a observar pelo empregador e pelo trabalhador para a cessação do contrato, ou o critério para a sua determinação; h) O valor e a periodicidade da retribuição; i) O período normal de trabalho diário e semanal, especificando os casos em que é definido em termos médios; j) O número da apólice de seguro de acidentes de trabalho e a identificação da entidade seguradora; l) O instrumento de regulamentação coletiva de trabalho aplicável, se houver. m) A identificação do fundo de compensação do trabalho ou de mecanismo equivalente, bem como do fundo de garantia de compensação do trabalho, previstos em legislação específica.

iv. Período experimental

O período experimental não constitui informação obrigatória que deva constar no contrato de trabalho mas na fase de formação de equipas o período experimental assume particular importância porque se trata do período inicial de execução do contrato durante o qual as partes podem, caso não haja acordo escrito em contrário, denunciar livremente o contrato de trabalho sem qualquer aviso prévio e invocação de justa causa, nem direito a indemnização.

A duração do período experimental depende do tipo de contrato e/ou das funções dos trabalhadores.

O período experimental é reduzido ou mesmo excluído quando tenha havido um contrato anterior entre o mesmo empregador e empregado ao abrigo do qual o empregado realizou o mesmo trabalho. O montante da redução ou exclusão depende da duração do contrato anterior. As partes podem reduzir expressamente o período experimental por acordo ou por meio de convenção coletiva aplicável.

v. Formalidades

A admissão de um trabalhador deve ser comunicada pelo empregador aos serviços competentes da Segurança Social nas 24 horas anteriores ao início da vigência do respetivo contrato de trabalho e, apenas em circunstâncias excecionais previstas na lei, dentro das 24 seguintes ao início dessa vigência.

A cessação, suspensão ou alteração ao contrato de trabalho deve ser comunicada aos referidos serviços da Segurança Social até ao dia 10 do mês seguinte àquele em que se verificou a respetiva ocorrência.

Exceto nos casos previstos na lei, todos os documentos exigidos pela Segurança Social devem ser apresentados eletronicamente através da área reservada da empresa ("Segurança Social Direta") através do site http://www2.seg-social.pt.

I.II Cessação do contrato de trabalho

Porque a formação de equipas é, muitas das vezes um processo de tentativa e erro é importante termos presente que a cessação de contratos de trabalho em Portugal está sujeita a regras bastante apertadas. Vejamos como podem (ou não podem) cessar os contratos de trabalho em Portugal.

i. Despedimento imediato

O despedimento imediato é ilegal. A prossecução do despedimento nestes termos determina a sua ilicitude e confere ao trabalhador o direito a reclamar judicialmente a sua reintegração ou uma indemnização cujo montante varia entre 15 e 45 dias de remuneração base e diuturnidades se aplicável por cada ano de antiguidade ou fração de antiguidade), bem como a receber os salários vencidos desde o despedimento até à decisão final e bem assim o direito a reclamar indemnização por outros danos (por exemplo, danos morais).

ii. Denúncia do contrato pelo trabalhador (demissão do trabalhador)

O trabalhador tem o direito a fazer cessar o seu contrato por mera comunicação nesse sentido dirigida ao empregador. Esta comunicação tem de ser enviada com um pré-aviso de 15 dias para contratos a termo certo cuja duração seja inferior a 6 meses, 30 dias para contratos a termo certo cm duração igual ou superior a 6 meses ou contratos por tempo indeterminado que tenham durado até 2 anos, aumentando para 60 dias se este último tiver durado 2 anos ou mais. Se não for observado o período de pré-aviso exigido, o trabalhador deve indemnizar o empregador em montante igual à remuneração base (e diuturnidades se aplicável) correspondente ao período de pré-aviso em falta.

O empregador não pode denunciar contratos de trabalho por tempo indeterminado. No que respeita aos contratos a termo, as regras específicas são abordadas a respeito da Caducidade.

iii. Caducidade

Os contratos de trabalho caducam (i) no termo do prazo estipulado, (ii) por impossibilidade superveniente, absoluta e definitiva, de o trabalhador prestar o seu trabalho ou de empregador o receber e (iii) com a reforma do trabalhador, por velhice ou invalidez.

Os contratos de trabalho a termo certo caducam no prazo estipulado, ou da sua renovação, desde que o empregador ou trabalhador comunique à outra parte a vontade de o fazer cessar, por escrito, respetivamente, 15 ou 8 dias antes de o prazo expirar.

Por sua vez, nos contratos de trabalho a termo incerto, o prazo de pré-aviso é de 7, 30 ou 60 dias, consoante o contrato tenha durado até 6 meses, de seis meses a dois anos ou por período superior.

Em caso de caducidade decorrente de declaração do empregador o trabalhador tem direto a compensação nos termos legais.

iv. Despedimento com justa causa promovido pelo Empregador

É expressamente proibido o despedimento sem justa causa, nomeadamente, por razões políticas ou ideológicas. Prevê, no entanto, a lei que o trabalhador possa ser despedido em caso de comportamento culposo que, pela sua gravidade e consequências, torne imediata e praticamente impossível a subsistência da relação laboral. Encontram-se previstos no Código do Trabalho exemplos de tais comportamentos, entre os quais se destacam: a desobediência ilegítima às ordens dos superiores hierárquicos, a provocação repetida de conflitos com colegas, falta culposa de cumprimento de regras de segurança e saúde no trabalho, etc.

O despedimento deve ser precedido de um procedimento especial, rigoroso e com prazos definidos, denominado procedimento disciplinar, podendo a decisão final ser impugnada judicialmente pelo trabalhador. Em caso de despedimento por justa causa por iniciativa do empregador, o trabalhador não tem direito a qualquer compensação legal.

v. Despedimento por razões objetivas: despedimento coletivo e despedimento por extinção do posto de trabalho

A cessação de contratos de trabalho fundamentada por razões objetivas elencadas no Código do Trabalho é reconhecida como justa causa de despedimento do trabalhador.

Os motivos que podem ser invocados encontram-se expressamente previstos na lei e estão agrupados em três categorias: a) Motivos de mercado; b) Motivos estruturais e c) Motivos tecnológicos.

Este despedimento obriga a um procedimento específico, cujos termos, prazos e formalidades se encontravam rigorosamente previstos no Código do Trabalho. Neste caso o Trabalhador tem direito a compensação nos termos da lei.

vi. Resolução pelo trabalhador

Verificando-se o incumprimento pelo empregador dos seus deveres e designadamente a violação de direitos do trabalhador, este tem o direito de fazer cessar o contrato invocando justa causa. Neste caso o trabalhador terá direito a indemnização nos termos legais.

vii. Acordo

As partes podem, a qualquer momento acordar na cessação do contrato de trabalho. Neste caso o acordo deve ser reduzido a escrito e não existem condições obrigatórias a a observar, salvo no que respeita ao pagamento dos créditos salarias vencidos e que são sempre devidos, não podendo trabalhador renunciar a tais créditos. O trabalhador pode revogar o acordo no prazo de sete dias, salvo se as assinaturas forem reconhecidas por Notário.

viii. Disposições fiscais especiais e pagamento de compensações

As compensações pagas aos trabalhadores pela cessação do contrato de trabalho estão apenas sujeitas a tributação em sede de IRS no montante que excede o montante médio da remuneração regular considerada como salário sujeito a tributação, auferida nos últimos 12 meses anteriores à cessação, multiplicado pelo número de anos ou fração de antiguidade ou desempenho de funções.

No entanto, se nos 24 meses seguintes, uma nova relação profissional ou de negócios for executada, direta ou indiretamente, entre as mesmas partes ou partes relacionadas (por exemplo, com a família do empregado ou com uma empresa-mãe do empregador), o imposto será aplicado ao montante total recebido. Os pagamentos de indemnizações estão sujeitos às contribuições para a segurança social nos mesmos termos que os previstos nas disposições fiscais aqui referidas.

No caso de acordo que confira o direito ao subsídio de desemprego, esta limitação aplica-se também no que respeita à tributação em sede de Segurança Social. A compensação por cessação do contrato de trabalho no caso de despedimento coletivo, por extinção do posto de trabalho, por não concessão de aviso prévio, por caducidade e por resolução por parte do trabalhador estão excluídas de tributação em sede de Segurança Social.

II. Relação entre as partes

A relação entre as partes traduz, como é evidente, a manutenção do contrato de trabalho e a observância, por trabalhador e empregador das condições acordadas.

Abordamos infra, alguns dos aspetos essenciais desta relação:

i. Horas de trabalho | Período normal de trabalho | Trabalho suplementar

Segundo o Código do Trabalho, o período máximo normal de trabalho permitido é de 8 horas por dia e 40 horas por semana. Estes períodos máximos podem ser aumentados ou reduzidos em determinadas situações, por exemplo, através de acordos de negociação coletiva ou acordos entre ambas as partes no contexto de formas legais flexíveis de organização do tempo de trabalho (horário concentrado, adaptabilidade, entre outros). Em certos sectores económicos de atividade, o período máximo de trabalho pode ser inferior a 40 horas por semana (por exemplo, no sector dos seguros).

O trabalho que seja prestado fora do horário de trabalho estipulado, é qualificado como trabalho suplementar.

A lei estabelece um limite máximo de 2 horas suplementares, em dia normal de trabalho, e de 8 horas, em dias de descanso semanal, obrigatório ou complementar, ou feriado variando o limite anual em função da tipologia da empresa e bem assim, da existência de regulamentação coletiva que, pode aumentar o limite máximo de horas de trabalho suplementar por ano (nos termos do Código do Trabalho o limite varia entre 175 e 150 horas).

O empregador está obrigado a manter um registo de trabalho suplementar realizado pelos trabalhadores, bem como dos dias de descanso complementar correspondentes.

ii. Remuneração

A remuneração pode ser fixa, variável ou mista quando compreende uma componente fixa e outra variável.

Todos os trabalhadores têm direito ao salário mínimo nacional, o qual é definido em legislação especial para cada ano civil, atualmente fixado em € 705,00 (setecentos e cinco euros).

Existindo instrumento de regulamentação coletiva de trabalho aplicável, em regra, são estabelecidos valores remuneratórios mínimos por categoria profissional, os quais têm obrigatoriamente, de ser observados.

Os trabalhadores têm direito a receber 14 pagamentos por ano, dos quais 12 correspondem a remuneração mensal e o 13.º e 14.º a subsídio de férias e subsídio de Natal, respetivamente.

iii. Férias/Períodos de descanso

Em geral, todos os trabalhadores têm direito a um mínimo de 22 dias úteis de férias pagas por ano, embora existam algumas exceções a esta regra (designadamente pela atribuição de mais dias de férias em instrumento de regulamentação coletiva de trabalho). Durante o primeiro ano de trabalho, o direito a férias acumula-se à razão de 2 dias úteis por cada mês completo de trabalho cujo gozo pode ter lugar após um período de seis meses de trabalho, mas está sujeito a um máximo de 20 dias uteis. Os trabalhadores devem gozar um período de férias de pelo menos 10 dias de trabalho consecutivos por ano.

Geralmente, as partes são livres de acordar entre si quando as férias devem ser gozadas. No entanto, se não for possível chegar a acordo (salvo disposição em contrário em acordos de negociação coletiva), o empregador tem o direito de determinar quando é que as férias devem ser gozadas, desde que isso permita ao trabalhador gozar férias entre 1 de Maio e 31 de Outubro.

iv. Feriados

De acordo com a lei, existem 13 feriados nacionais obrigatórios:1 de Janeiro, Sexta-feira Santa, Domingo de Páscoa, Corpo de Deus, 25 de Abril, 1 de Maio, 10 de Junho, 15 de Agosto, 5 de Outubro, 1 de Novembro, 1, 8 e 15 de Dezembro.

Além destes feriados existe ainda 1 feriado municipal.

Os feriados acima referidos são pagos aos trabalhadores.

v. Doença/Incapacidade

Em caso doença ou incapacidade para o trabalho, o trabalhador deve ver essa situação certificada por médico do Sistema Nacional de Saúde e terá direito a um subsídio que é concedido pelo Sistema de Segurança Social Português aos trabalhadores elegíveis. Os trabalhadores mantêm todos os direitos e obrigações quando estão doentes, exceto os direitos relativos à remuneração e à obrigação de trabalhar. O montante do subsídio varia de acordo com a natureza e o período de ausência entre 55% e 75% da remuneração de acordo com a duração da doença ou, no caso de tuberculose entre 80% e 100% da remuneração em função do agregado familiar, com um limite mínimo e um limite máximo (que é a remuneração de referência do trabalhador).

vi. Localização do trabalho/mobilidade

Os trabalhadores podem ser transferidos temporária ou permanentemente para um local de trabalho diferente, desde que haja uma justificação razoável comunicada por escrito e que seja dado aviso prévio. As partes são autorizadas a acordar a prorrogação das condições de transferência que expira no prazo de 2 anos se não tiver sido aplicada dentro desse período.

vii. Direitos Parentais (Gravidez / Maternidade / Paternidade / Adoção)

Há vários direitos estatutários concedidos a mulheres grávidas, puérperas e lactantes, bem como a pais ou pais adotivos ou candidatos à adoção.

viii. Alterações ao Contrato

Em regra, os empregadores não podem alterar unilateralmente as disposições do contrato de trabalho, a menos que prevejam termos e condições que não possam ser considerados como individualmente/especificamente acordados pelas partes. Todos os termos e condições individualmente acordados entre as partes (ou seja, que não sejam determinados por uma das partes, geralmente o empregador), só podem ser alterados por acordo mútuo, caso contrário serão considerados nulos e sem efeito e não podem ser aplicados.

ix. Alteração na Propriedade da Empresa |Transmissão de estabelecimento

Quando há uma mudança no empregador, o Código do Trabalho português prevê uma transferência automática dos contratos individuais para o cessionário. Todas as obrigações e benefícios relacionados com os contratos individuais são transferidos, permanecendo assim inalterados. Várias obrigações de informação e consulta devem ser cumpridas tanto pelo cedente como pelo cessionário. Os trabalhadores só podem opor-se a uma transferência se a transferência lhe causar danos graves, nomeadamente em caso de evidente falta de solvabilidade ou situação financeira difícil do cessionário ou se a sua organização interna do trabalho não for digna de confiança.

x. Contribuições para a Segurança Social

Em regra, para a maioria dos trabalhadores, as contribuições mensais obrigatórias são as seguintes: 23,75% e 11% do salário de referência a ser pago pelos empregadores e pelos empregados, respetivamente. Em alguns sectores económicos específicos e em determinadas circunstâncias previstas pela legislação que visa promover o emprego, o montante das contribuições pode variar.

xi. Acidentes no Trabalho

O empregador é obrigado a segurar os trabalhadores contra acidentes no local de trabalho/doenças profissionais com uma seguradora autorizada. A entidade patronal é também responsável pela segurança no local de trabalho.

xii. Disciplina

A aplicação de qualquer sanção aos trabalhadores deve ser efetuada por escrito, exigindo a lei que o empregador detenha registo adequado de sanções disciplinares.

xiii. Obrigações de Formação Obrigatória

Cada trabalhador tem direito a formação profissional (40 horas por ano no mínimo) que é considerada contínua. Apesar da possibilidade de adiar a formação anual até dois anos deve envolver pelo menos 10% dos empregados por ano. Relativamente aos contratos de trabalho a termo certo, o empregador só tem de providenciar formação profissional se a duração do contrato for igual ou superior a 3 meses e, neste caso, o número de horas é proporcional à duração de tal contrato.

xiv. Assédio/Discriminação/ Igualdade de remuneração

Juntamente com os princípios constitucionais, o Código do Trabalho estabelece expressamente a proibição de discriminação no trabalho, proíbe qualquer tipo de assédio e prevê o princípio de trabalho igual, salário igual. De facto, o Código do Trabalho estabelece expressamente a proibição de discriminação no trabalho, cumprindo a discriminação baseada nomeadamente na ascendência, idade, sexo, orientação sexual, estado civil, situação familiar, património genético, capacidade reduzida para trabalhar, deficiência, doença incurável, origem étnica, religião, orientações políticas ou ideológicas e filiação sindical.

Prestadores de Serviços | Não Concorrência | Não Solicitação | Prevenção de Riscos

Para além da relação de trabalho subordinado que resulta da celebração de um contrato de trabalho, as empresas podem ponderar, em determinadas circunstâncias, a contração de prestadores de serviços ou seja, trabalhadores independentes (comummente designados por "recibos verdes").

De acordo com os termos do artigo 1154.º do Código Civil, o contrato de prestação de serviço é aquele em que uma das partes se obriga a proporcionar à outra certo resultado do seu trabalho intelectual ou manual, com ou sem retribuição.

Nestes contratos de prestação de serviços não existe subordinação jurídica para com a empresa, pelo que o trabalhador independente possui total autonomia na execução das suas tarefas.

Como os tribunais e a doutrina têm assinalado, dos conceitos legais aplicáveis decorre que as diferenças entre contrato de trabalho e contrato de prestação de serviços são estabelecidas através, por um lado, da obrigatoriedade da retribuição (inerente ao contrato de trabalho, mas não necessariamente no contrato de prestação de serviços – ainda que, na prática, na grande maioria dos casos, exista retribuição) e, por outro, no tipo de objeto do contrato e existência ou não de subordinação jurídica. No contrato de prestação de serviços existe uma obrigação de facultar um resultado, independentemente da forma como esse resultado é alcançado. Já no contrato de trabalho, releva a atividade em si. Mais, como referido acima, na prestação de serviços não existe subordinação do prestador de trabalho ao respetivo credor, ou seja, aquele não está sujeito a ordens ou instruções. Neste modelo, a empresa não pode, em regra, determinar o modo, o tempo e o lugar da respetiva prestação sob pena de o contrato de prestação de serviços se poder converter em contrato de trabalho por tempo indeterminado.

Umas das vantagens inerentes à contratação de um prestador de serviços respeita aos custos envolvidos.

Em termos de custos principais, ao contrário de um contrato de trabalho, num contrato de serviços a entidade contratante não tem de pagar ao prestador de serviços qualquer compensação correspondente ao período de férias nem os subsídios de férias e de Natal.

Da mesma forma, apesar de a apólice de seguro de acidentes de trabalho ser também obrigatória para o prestador de serviços, cabe a este a responsabilidade de contratar a respetiva apólice e suportar esse custo.

A empresa também não terá o custo das contribuições para o Fundo de Garantia de Compensação do Trabalho (FGCT[1]) e para o Fundo de Compensação do Trabalho (FCT[2]), porquanto tais contribuições são apenas feitas em relação aos trabalhadores de cada empregador.

Quanto às obrigações em matéria de segurança social inerentes aos contratos de prestação de serviços, também estas diferem daquelas relativas aos trabalhadores dependentes.

Em regra, cabe em exclusivo aos trabalhadores independentes – aos prestadores de serviços – pagar as suas contribuições sociais.

Não obstante, quando a empresa beneficie, no mesmo ano civil, de pelo menos 50% do valor total da atividade de trabalhador independente, será qualificada como "entidade contratante" para efeitos de segurança social e de obrigação contrativa em relação ao prestador de serviços[3].

Para este efeito, apenas é tida em consideração a atividade dos trabalhadores independentes que estejam obrigados ao pagamento de contribuições e cujo rendimento anual obtido com a prestação de serviços seja igual ou superior a seis vezes o valor do IAS (em 2022 o valor do IAS é €443,20).

---

[1] O FGCT destina-se, juntamente com o Fundo de Compensação do Trabalho (FCT), a assegurar o direito dos trabalhadores ao recebimento de metade (50%) da compensação devida pelo empregador, por cessação do contrato de trabalho, calculada nos termos do artigo 366.º do Código do trabalho.

[2] O FCT é um fundo de capitalização individual destinado ao pagamento parcial (até 50%) da compensação por cessação do contrato de trabalho dos seus trabalhadores.

[3] Sendo considerados como prestados à mesma entidade contratante os serviços que sejam prestados a empresas do mesmo agrupamento empresarial.

Na eventualidade da empresa se qualificar como "entidade contratante", a taxa contributiva a seu cargo corresponde a 10% nas situações em que a dependência económica do prestador de serviços é superior a 80%, e 7% nas restantes situações.

O pagamento das contribuições sociais das "entidades contratantes" é efetuado anualmente até ao dia 20 do mês seguinte ao da emissão do documento de cobrança por parte da Segurança Social.

É importante salientar que sempre que o desempenho de uma atividade aparentemente autónoma revele quaisquer características de um contrato de trabalho, a natureza da relação contratual pode ser contestada através da demonstração da má utilização da figura do contrato de prestação de serviços ao invés do contrato de trabalho.

Ao abrigo da legislação laboral Portuguesa, existe uma presunção de que existe um contrato de trabalho se existirem duas ou mais das seguintes provas:

a) A atividade é exercida em instalações pertencentes à entidade que contrata os serviços;
b) O equipamento utilizado é também fornecido pela entidade patronal;
c) A atividade é exercida sob a supervisão da entidade;
d) O "prestador de serviços" deve cumprir um horário de trabalho definido pela entidade;
e) O "prestador de serviços" recebe periodicamente um montante fixo.

Não é necessário que todos os pontos acima mencionados sejam cumpridos para se considerar que existe um contrato de trabalho (e não um contrato de prestação de serviços).

Nos casos em que alguns dos pontos acima são cumpridos, deverá ser considerado o risco de o contrato de prestação de serviços ser considerado como um contrato de trabalho, o que pode implicar não só a necessidade de acertos salariais (em virtude do não pagamento de subsídios de férias e de Natal), como a imposição de sanções administrativas e o pagamento de contribuições devidas à Segurança Social e à Autoridade Fiscal relativamente ao período de prestação de serviços.

Da perspetiva do "prestador de serviços", esta requalificação do contrato pode, de facto, ser argumentada - nomeadamente no contexto da cessação do seu contrato de prestação de serviços -, e pode implicar a reivindicação da antiguidade acumulada durante a relação de prestação de serviços e a existência de um despedimento ilegal (em caso de cessação por iniciativa da empresa), com consequências ao nível de reclamação de créditos laborais não pagos (como seja, entre outros, férias, subsídio de férias, subsídio de Natal).

Pacto de Não Concorrência | Não Solicitação

Para além das cláusulas contratuais que necessariamente têm de ser incluídas num contrato de trabalho, outras existem cuja inclusão encontra-se na livre disposição das partes mas que podem assumir particular importância na proteção do negócio.

Por intermédio de determinadas cláusulas de limitação da liberdade de trabalho, cujos efeitos se produzem após a cessação do vínculo laboral, as empresas visam proteger o seu investimento e o seu conhecimento-chave – que o trabalhador veio também a adquirir no decurso e por causa da sua atividade –, da utilização que o trabalhador poderá da mesma fazer num contexto de concorrência.

Referimo-nos em particular à cláusula na qual se estabelece um pacto de não concorrência, usualmente designado por *non-compete agreement* ("NCA").

O n.º 1 do artigo 136.º do Código do Trabalho determina que é nula a cláusula de contrato de trabalho que, por qualquer forma, possa prejudicar o exercício da liberdade de trabalho do trabalhador após a cessação do contrato.

Não obstante, esta regra geral oferece a exceção do pacto de concorrência, aceitando assim como licita a limitação da atividade do trabalhador durante o período máximo de dois anos subsequente à cessação do seu contrato de trabalho, quando se verifiquem três condições cumulativas: a obrigação de não concorrência constar de acordo escrito, tratar-se de uma atividade cujo exercício possa causar prejuízo ao empregador e o trabalhador e atribuir ao trabalhador, durante o período de limitação, uma compensação (que pode ser reduzida equitativamente quando o empregador tiver realizado despesas avultadas com a formação profissional do trabalhador).

Nos casos de trabalhador afeto ao exercício de funções cuja natureza suponha uma especial relação de confiança ou que tenha acesso a informação particularmente sensível no plano da concorrência, esta obrigação de não concorrência pode durar até três anos.

A lei não prevê uma fórmula para o cálculo da compensação. Porém, de acordo com as decisões judiciais sobre esta matéria os tribunais tendem a aceitar um valor que poderá variar entre 50% e 80% da remuneração do trabalhador (dependendo da menor ou maior duração da limitação, amplitude do espaço territorial em que fica impedido de atuar e das atividades que possa ainda exercer).

É comum também constarem do contrato de trabalho cláusulas de não solicitação, também conhecidas por *non-solicitation agreement* ("NSA").

A cláusula de não-solicitação, juntamente com a cláusula de não concorrência (NCA) e a cláusula de não divulgação de informação (*non-disclosure agreement* – "NDA") – constitui um dos três pactos restritivos frequentemente encontrados no âmbito de um contrato de trabalho ou de um contrato de prestação de serviços.

Estas disposições, com efeitos para além da cessação do contrato de trabalho, visam, em regra, proibir o trabalhador de captar os clientes e utilizar as listas de contactos da empresa para obter ganhos pessoais, assim como proibir o trabalhador de contactar outros colaboradores da empresa com vista a incitá-los a cessarem a sua relação com a empresa.

Esta validade desta obrigação de não solicitação, ao contrário da obrigação de não concorrência, não requer o pagamento de qualquer compensação . Por outro lado, sua exigibilidade é complexa, uma vez que é difícil provar seu descumprimento.

Porém, sem prejuízo de a inclusão desta cláusula nos contratos poder ter um efeito dissuasor, razão pela qual se subscreve a sua redação, a sua aplicabilidade poder-se-á mostrar difícil, nomeadamente por questões de dificuldade de prova do seu incumprimento.

Considerando a dinâmica das startups, poder-se-á revelar fundamental o acordo deste tipo de cláusulas, criando-se obrigações de não concorrência e de não solicitação, para melhor proteger as informações chave e confidenciais da empresa.

Prevenção de Riscos

São princípios gerais em matéria de segurança e saúde no trabalho que o trabalhador tem direito a prestar trabalho em condições de segurança e saúde e que o empregador deve assegurar aos mesmos condições de segurança e saúde em todos os aspetos relacionados com o trabalho, aplicando as medidas necessárias tendo em conta princípios gerais de prevenção.

Qualquer empresa deve mobilizar os meios necessários, nomeadamente nos domínios da prevenção técnica, da formação, informação e consulta dos trabalhadores e serviços adequados, internos ou externos à empresa.

De entre as várias obrigações da empresa em matéria de segurança, higiene e saúde no trabalho, salientam-se:

a) A obrigação de transferir a responsabilidade pela reparação dos danos emergentes de acidente de trabalho ou de doença profissional para entidades legalmente autorizadas a realizar este seguro, contratando assim o correspondente seguro de acidentes de trabalho.
b) Identificação dos riscos previsíveis em todas as atividades da empresa, estabelecimento ou serviço, na conceção ou construção de instalações, de locais e processos de trabalho, assim como na seleção de equipamentos, substâncias e produtos, com vista à eliminação dos mesmos ou, quando esta seja inviável, à redução dos seus efeitos.
c) Assegurar a vigilância da saúde do trabalhador em função dos riscos a que estiver potencialmente exposto no local de trabalho.
d) Estabelecer em matéria de primeiros socorros, de combate a incêndios e de evacuação as medidas que devem ser adotadas e a identificação dos trabalhadores responsáveis pela sua aplicação, bem como assegurar os contactos necessários com as entidades exter-

nas competentes para realizar aquelas operações e as de emergência médica.

e) Organizar os serviços adequados, internos ou externos à empresa, estabelecimento ou serviço, mobilizando os meios necessários, nomeadamente nos domínios das atividades técnicas de prevenção, da formação e da informação, bem como o equipamento de proteção que se torne necessário utilizar.

f) Promover a realização de exames de saúde adequados a comprovar e avaliar a aptidão física e psíquica do trabalhador para o exercício da atividade, bem como a repercussão desta e das condições em que é prestada na saúde do mesmo (nomeadamente, exames de admissão, antes do início da prestação de trabalho, exames periódicos, e exames ocasionais).

g) Suportar a totalidade dos encargos com a organização e o funcionamento do serviço de segurança e de saúde no trabalho e demais sistemas de prevenção, incluindo exames de vigilância da saúde, avaliações de exposições, testes e todas as ações necessárias no âmbito da promoção da segurança e saúde no trabalho, sem impor aos trabalhadores quaisquer encargos financeiros.

h) Consultar por escrito e, pelo menos, uma vez por ano, previamente ou em tempo útil, os representantes dos trabalhadores para a segurança e saúde ou, na sua falta, os próprios trabalhadores.

Atenta a complexidade de várias das obrigações em matéria de segurança, higiene e saúde no trabalho, incluindo aquela de organizar o respetivo serviço de segurança e saúde no trabalho, e considerando que o incumprimento dessas normas, não raras vezes, constituiu contraordenação grave ou muito grave, é comum as empresas contratarem os serviços de empresa especializada na prestação de serviços de segurança e saúde no trabalho, por forma a assegurar o cabal cumprimento de todas essas disposições.

Planeamento Tributário | Regimes Fiscais | Incentivos Fiscais

ALEXANDRA COURELA
SUSANA DUARTE
MANUEL ANDRÉ MARTINS

A atração e promoção do investimento é um objetivo partilhado por todos os países e, nessa "disputa" pelo investimento, a fiscalidade assume particular relevância porque, se é verdade que um incentivo fiscal fomenta o investimento, não é menos verdade que um regime fiscal gravoso provoca a reação inversa e poderá, inclusive, levar à procura de outras jurisdições. Por este motivo, a área fiscal tem um papel preponderante também quando estamos a falar de uma startup, pelo que com vista a promover a criação de empresas com ideias inovadoras, é necessário que o regime fiscal seja propício a esse desenvolvimento.

É neste contexto que se tem assistido, em diversos países, à criação de regimes fiscais favoráveis à constituição de startups e ao investimento nas mesmas. Neste âmbito e, embora Portugal tenha dado alguns passos nesse sentido, ainda está longe de ser um país atraente quando comparado com outros países da União Europeia e estados terceiros. Com efeito, países como os Estados Unidos da América, Reino Unido e Espanha têm dado passos importantes na criação de regimes fiscais que favorecem o desenvolvimento de startups.

Nos Estados Unidos da América quem investe numa startup pode beneficiar de uma isenção de tributação dos ganhos decorrentes de uma futura venda dessas partes sociais caso as mesmas tenham sido detidas por mais de cinco anos. Mesmo nos casos em que as partes sociais tenham sido detidas há menos de cinco anos, mas o sejam há mais de seis meses, existe a possibilidade de diferir a tributação se o valor recebido por contrapartida da venda for reinvestido noutra startup. Acresce que as mais-valias decorrentes da venda das partes sociais adquiridas neste segundo investimento podem beneficiar da isenção de tributação referida, contando-se o período de cinco anos desde o momento em que se iniciou o primeiro investimento.

Já no Reino Unido, quem investe em startups pode usufruir de um crédito fiscal correspondente a uma percentagem do montante investido, bem como de uma isenção de tributação no momento da venda das partes sociais.

Recentemente, o Governo Espanhol aprovou a "Ley de Startups", que não obstante ter estar ainda pendente de aprovação pelo Parlamento Espanhol, prevê uma redução do *Impuesto de Sociedades* e do *Impuesto sobre la Renta de No Residentes* de 25% para 15% durante quatro anos, aplicando-se às sociedades que qualifiquem como startup. De notar que é ainda proposto um regime fiscal mais favorável relativamente às *stock options* e às deduções fiscais dos montantes investidos em startups.

A Realidade Portuguesa

Não existe em Portugal um regime fiscal especial para startups. Assim, estas ficarão sujeitas ao regime fiscal geral aplicável a todas as demais sociedades, podendo usufruir, no entanto, de alguns benefícios.

As sociedades com sede ou direção efetiva em Portugal são tributadas pelo lucro apurado com base nas regras contabilísticas vigentes e eventualmente corrigido nos termos do Código do IRC[1]. A taxa de IRC aplicável a sociedades residentes é de 21%. Não obstante, tratando-se de uma pequena e média empresa (PME), os primeiros 25.000 € de matéria coletável serão tributados à taxa de 17%[2].

As sociedades com sede ou direção efetiva em Portugal estão também sujeitas a derrama municipal, cuja taxa é fixada anualmente pelos Municípios e a qual pode ir até 1,5%[3]. Para além disso, poderá ainda acrescer derrama estadual quando o lucro tributável for superior a 1.500.000 €[4].

[1] Artigo 17.º do Código do IRC.

[2] Artigo 87.º, n.º 1 e n.º 2 do Código do IRC.

[3] Artigo 18.º da Lei 73/2013.

[4] Artigo 87.º-A do Código do IRC.

A sociedade deve ser vista como uma realidade contínua para efeitos de IRC, no sentido de que a sua atividade não se esgota apenas num ano. Como corolário dessa ideia, os prejuízos fiscais apurados num período de tributação podem ser deduzidos ao lucro tributável dos períodos de tributação posteriores. Regra geral, os prejuízos fiscais podem ser deduzidos ao lucro tributável durante os 5 períodos de tributação seguintes. Não obstante, no caso de PMEs, os prejuízos podem ser deduzidos aos 12 períodos de tributação posteriores[5].

Contudo, há que ter em consideração que os prejuízos apenas podem ser deduzidos até ao montante de 70% do lucro tributável do ano em questão, o que não prejudica a sua utilização em anos posteriores[6].

O facto de a sociedade dever ser entendida como uma realidade contínua não permite, contudo, a utilização dos prejuízos fiscais para períodos de tributação anteriores. Assim, se a sociedade obteve lucro tributável no ano *n* e prejuízo fiscal no ano *n + 1*, este prejuízo fiscal não poderá ser utilizado para obter um reembolso do imposto pago no ano *n*.

Tendo isto em consideração, se nos primeiros tempos de atividade uma startup apurar prejuízos para efeitos fiscais – o que é natural que se verifique porque os primeiros anos de atividade implicam algum investimento inicial, não sendo expetável que uma atividade se torne imediatamente lucrativa –, terá em anos posteriores a possibilidade de reduzir o lucro tributável, aproveitando os resultados menos positivos obtidos inicialmente.

Ou seja, não existe em Portugal um regime fiscal de exceção que seja aplicável às startups, embora estas possam beneficiar de algumas regras especiais previstas para as PME, bem como dos benefícios fiscais previstos na legislação em vigor e que, verificadas que estejam as respetivas condições, ser-lhe-ão aplicáveis, destacando-se os seguintes:

(i) RFAI (Regime Fiscal de Apoio ao Investimento): incentivo fiscal que permite que as sociedades deduzam, para efeitos de IRC, uma parte do investimento realizado em ativos não correntes (ativos

---

[5] Artigo 52.º, n.º 1 do Código do IRC.

[6] Artigo 52.º, n.º 2 do Código do IRC.

fixos tangíveis e ativos intangíveis)[7] e que exerçam a sua atividade num dos setores expressamente previstos na legislação aplicável. Caso qualifiquem para estes benefícios[8], as startups poderão usufruir de diversos benefícios fiscais como: (a) a dedução à coleta de IRC de 25% do investimento realizado até 15.000.000 € (e 10% para o montante de investimento que ultrapasse os 15.000.000 €) nas Regiões Autónomas da Madeira e dos Açores, no Alentejo, no Centro e no Norte; (b) a dedução à coleta de IRC de 10% do investimento realizado no Algarve e na Grande Lisboa[9]; (c) isenção ou redução de IMI, IMT e IS para aquisições de prédios que se enquadrem no escopo dos investimentos elegíveis para este regime[10].

(ii) DLRR (Dedução por lucros retidos e reinvestidos): um incentivo fiscal para PMEs que permite uma dedução à coleta para efeitos de IRC, até 10 % dos lucros retidos que sejam reinvestidos em aplicações relevantes, sendo que tal deve suceder num prazo de quatro anos contado a partir do final do período de tributação a que correspondam os lucros[11]. A dedução tem ainda como limite máximo 25% do IRC devido[12], não podendo o montante total da dedução exceder 12.000 €[13]. As aplicações relevantes para efeitos deste regime são relativamente amplas, podendo tratar-se tanto de determinados ativos fixos tangíveis, como de determinados ativos intangíveis;

(iii) SIFIDE II: Este regime permite que sujeitos passivos de IRC recuperar 82,5% dos montantes investidos em Investigação e Desenvolvimento (*I&D*), quando não tenham sido objeto de comparticipação financeira do Estado a fundo perdido. Para já, o regime está previsto vigorar até 31 de dezembro de 2025 e con-

---

[7] Qualificam para este regime o investimento em ativos previstos no artigo 22.º, n.º 2 do CFI.

[8] Há vários requisitos que terão de ser observados.

[9] Artigo 23.º, n.º 1, alínea a) do CFI.

[10] Artigo 23.º, n.º 1 , alíneas b), c) e d) do CFI.

[11] Artigo 29.º, n.º 1 do CFI.

[12] Artigo 29.º, n.º 3 do CFI. Para micro e pequenas empresas, a percentagem é elevada para 50 %, nos termos do 29.º, n.º 4 do CFI.

[13] Artigo 29.º, n.º 2 do CFI.

siste na dedução à coleta de IRC numa dupla percentagem: (i) taxa de base – 32,5 % das despesas realizadas naquele período; (ii) taxa incremental – 50 % do acréscimo das despesas realizadas naquele período em relação à média aritmética simples dos dois exercícios anteriores, até ao limite de € 1.500.000.[14]

No caso de PMEs, aplica-se uma majoração de 15 % à taxa base, o que a elevará para 47,5 %[15]. Diga-se ainda que este regime estabelece um conjunto amplo de despesas elegíveis[16].

(iv) Benefício fiscal à interioridade: Aplica-se a PMEs cuja atividade e direção efetiva estejam localizadas em territórios situados no interior de Portugal podem beneficiar de uma redução da taxa de 17% para 12,5% no que diz respeito aos primeiros 25.000 € de matéria coletável[17]. Acresce que estas empresas beneficiam de uma majoração de 20 % da dedução aplicável no regime do DLRR[18] quando se tratem de investimentos elegíveis realizados em territórios do interior[19].

A par dos benefícios acima elencados, os quais, reitere-se, não se dirigem especialmente às startups, é de destacar ainda o Programa Semente, introduzido em 2017, e direcionado ao incentivo a investidores individuais que, fora do âmbito de atividades geradoras de rendimentos empresariais e profissionais, invistam na aquisição de participações sociais de startups.

Através deste regime, os investidores individuais podem deduzir à coleta do IRS, até ao limite de 40% desta, um montante correspondente a 25% do montante dos investimentos elegíveis efetuados em cada ano[20]. A dedução à coleta não poderá ser superior, no entanto, a 100.000 €[21]. Não obstante, quando os limites às deduções sejam atingidos, poder-se-á

[14] Artigo 38.º, n.º 1 do CFI.

[15] Artigo 38.º, n.º 2 do CFI.

[16] Artigo 37º do CFI.

[17] Artigo 41.º-B, n.º 1 do EBF. O n.º 2 do mesmo artigo estabelece quais os requisitos para as empresas poderem beneficiar deste regime.

[18] Majoração da taxa de 10 % prevista no artigo 29.º, n.º 1 do CFI.

[19] Artigo 41.º-B, n.º 4 do EBF.

[20] Artigo 43.º-A do EBF, n.º 1 do EBF.

[21] Artigo 43.º-A do EBF, n.º 2 do EBF.

deduzir o remanescente, nos mesmos termos, durante os dois períodos de tributação subsequentes[22].

Neste contexto, consideram-se como investimentos elegíveis as entradas em dinheiro efetivamente pagas em razão da subscrição de participações sociais desde que (i) a sociedade participada seja uma micro ou pequena empresa que não tenha sido constituída há mais de 5 anos, (ii) as entradas efetuadas sejam de montante superior a 10.000€ por sociedade, (iii) a participação detida pelo subscritor, após a subscrição e durante os 3 anos subsequentes, não corresponda a mais de 30 % do capital ou dos direitos de voto da sociedade, (iv) a participação social subscrita seja mantida durante, pelo menos, 48 meses, (v) a percentagem do capital e dos direitos de voto detida por sociedades e outras pessoas coletivas, quer na data da subscrição quer nos três anos anteriores, seja inferior a 50%, e (vi) as entradas sejam efetivamente utilizadas, até ao fim do terceiro período de tributação posterior ao da subscrição, em despesas de investigação ou desenvolvimento, na aquisição de ativos intangíveis ou na aquisição de ativos fixos tangíveis, com exceção de terrenos, edifícios, viaturas ligeiras de passageiros ou mistas, mobiliário e equipamentos sociais.

Sem prejuízo dos requisitos do investimento referidos acima, há ainda que atender a determinadas condições relativas à empresa em que se investe e que se prendem com a qualificação como micro ou pequena empresa, o número de trabalhadores, terem a situação fiscal e contributiva regularizada, não estarem cotadas em mercado regulamentado ou não regulamentado de bolsa de valores e serem certificadas pela Rede Nacional de Incubadoras.

Ainda no âmbito do Programa Semente, as mais-valias que resultem da alienação onerosa das participações sociais resultantes de investimentos que beneficiaram da dedução à coleta do IRS, desde que detidas durante, pelo menos, 48 meses, não são consideradas no saldo das mais e menos-valias, caso o sujeito passivo reinvista, no ano da realização ou no ano subsequente, a totalidade dos respetivos valores de realização em investimentos que possam beneficiar também do Programa Semente.

---

[22] Artigo 43.º-A do EBF, n.º 3 do EBF.

Isto significa que as mais-valias resultantes de participações sociais adquiridas ao abrigo do Programa Semente não serão tributadas, se o valor de realização for reinvestido em investimentos que qualificam também para o Programa Semente. Note-se que o que se reinveste é o valor de realização e não o valor do ganho apurado com a venda[23].

O Programa Semente representa, de facto, um passo significativo no sentido de consagrar um regime fiscal mais favorável ao investimento em startups. Contudo, os requisitos não são, porventura, tão amplos como desejável. Com efeito, e de acordo com os dados oficiais publicados pela Rede Nacional de Incubadoras, os quais têm por referência o ano de 2020[24], as incubadoras protocoladas eram 169, estando a maioria localizada na zona centro e norte.

Acresce ainda o facto de o regime fiscal previsto, no que toca às mais--valias, ser um regime de reinvestimento e não de isenção ou de redução de tributação, o que não favorece o investimento pontual e único numa startup mas apenas o investimento quase a título "profissional", fator que, por si só, pode ser um desincentivo.

Realidades fiscais relevantes para startups e investidores

Tendo presente que não existe um regime fiscal específico mas apenas alguns benefícios/incentivos, alguns destes transversais a todas as sociedades residentes em Portugal, cabe avaliar quais são as preocupações das startups e dos seus investidores.

Em primeiro lugar, uma startup tem que angariar fundos para iniciar a atividade, quer junto de possíveis investidores na forma de capital, quer junto de entidades terceiras por via de financiamentos. E aqui importa desde logo sublinhar que, no caso de um financiamento junto de terceiros, existem limites à dedutibilidade dos gastos incorridos com o mesmos. Assim, uma startup que se queira financiar deve ter presente que os

---

[23] Se a venda for 20 e a mais-valia for 10, o valor que se reinveste é 20. Isto sem prejuízo do disposto no n.º 7 do artigo 43.º-A do EBF que prevê a possibilidade de reinvestimento parcial, o que significa que a mais-valia apenas não é tributada na proporção do valor reinvestido.

[24] Vd. https://drive.google.com/file/d/1cNAckYVyN-ECZxtsQ8cmtflmgLIJj9zW/view

gastos de financiamento líquidos apenas concorrem para a determinação do lucro tributável até ao maior dos seguintes limites: (i) 1.000.000 €; ou (ii) 30 % do resultado antes de depreciações, amortizações, gastos de financiamento líquidos e impostos[25], embora os gastos de financiamento que excedam estes limites possam ser utilizados nos cinco períodos de tributação posteriores, mas aplicando-se as mesmas limitações[26]. Para além disso, as operações de financiamento estão também, por regra, sujeitas a Imposto do Selo. E, logo aqui, poderá residir um primeiro obstáculo, na medida em que uma startup que inicie a sua atividade e tenha de se financiar tem de suportar a respetiva carga fiscal.

Caso este não seja um obstáculo intransponível, uma outra preocupação prende-se com o regime de tributação em caso de venda das participações sociais de uma start-up. Como explicitado acima noutras jurisdições tem existido a preocupação de reduzir a carga fiscal no momento do "exit", dado que, regra geral, a intenção dos investidor numa startup é pegar numa ideia de negócio numa fase embrionária, desenvolver a mesma até que esta seja reconhecida e valorizada pelo mercado (quiçá tornar-se um "unicórnio") e depois vender as participações, pelo que o regime fiscal aplicável às mais-valias é fulcral.

Atualmente, o ganho ou perda decorrente da venda de uma startup qualifica-se como uma mais ou menos-valia, sendo que, no caso de um investidor pessoa singular residente fiscal em Portugal tal ganho é tributado a uma taxa de 28%, sem prejuízo da possibilidade de opção pelo englobamento e tributação às taxas progressivas previstas no artigo 68.º do Código do IRS. Já no caso de um investidor pessoa coletiva que seja considerado residente em Portugal a regra é que mais-valia da venda participações sociais numa startup concorre para o lucro tributável sendo tributada de acordo com as regras gerais acima descritas. No entanto, o Código do IRC, desde a sua reforma em 2013, prevê um regime de *participation exemption*, o qual estabelece que, cumpridas que estejam determinadas condições (designadamente uma participação mínima de 1% detida por um período de 1 ano) o ganho decorrente daquela venda não concorre para a formação do lucro.

---

[25] Artigo 67.º, n.º 1 do Código do IRC.

[26] Artigo 67.º, n.º 2 do Código do IRC.

Por outro lado, e tratando-se de um investidor não residente, o Estatuto dos Benefícios Fiscais estabelece, mediante o cumprimento de certos requisitos, uma isenção de IRS e IRC para as mais-valias realizadas por não residentes com a venda de partes sociais de sociedades residentes em território português. Note-se ainda que mesmo que a referida isenção não seja aplicável, caso Portugal tenha celebrado uma Convenção para evitar a dupla tributação com o Estado da residência do acionista, em princípio Portugal não terá competência para tributar, já que a maior parte das Convenções estabelece que mais-valias obtidas com a venda participações sociais apenas podem ser tributadas no Estado da residência. Ou seja, no limite poderá dar-se o caso de um investidor não residente que invista numa startup portuguesa beneficiar, no seu país de residência, de um regime fiscal mais favorável do que o vigente em Portugal.

Last but not least, não se pode deixar de referir aquele que, possivelmente, será um dos maiores entraves ao desenvolvimento em Portugal de startup que é o atual regime fiscal das comummente chamadas stock options. Embora as stock options possam assumir diferentes formas e qualificações poderemos descrever genericamente as mesmas como uma forma de incentivo as trabalhadores e de retenção de talento, na medida em quanto mais produtivos forem, maior o lucro e crescimento da sociedade e, consequentemente, maior o retorno que o trabalhador pode obter.

No contexto das startups, as *stock options* são geralmente um meio de estas remunerarem os seus trabalhadores por via da atribuição de uma opção de compra de participações da startup a um preço descontado. Por outras palavras, sendo difícil, na maioria dos casos, uma startup suportar o custo de uma remuneração elevada, estas optam por remunerar os trabalhadores por via da atribuição de participações sendo estes beneficiados caso o projeto seja bem sucedido pois não só podem retirar lucros como alienar as suas participações.

Contudo, esta modalidade de remuneração apenas constituirá uma verdadeira vantagem se o regime fiscal acompanhar a intenção subjacente. Atualmente, o regime fiscal estabelece que no momento em que as *stock options* são atribuídas ao trabalhador não há tributação. O primeiro facto tributável ocorre no momento do exercício da opção de compra. E, neste momento, o rendimento sujeito a tributação corresponde à diferença entre o valor de mercado da participação no dia em que a opção é exercida e o valor de exercício da opção[27]. Note-se, no entanto, que o rendimento assim determinado não é tributado como mais-valia mas antes como rendimento de trabalho dependente pago em espécie, inserindo-se, portanto na Categoria A[28]. Tal determina que o rendimento apurado pelo trabalhador residente em Portugal será tributado de acordo com as taxas progressivas previstas no Código do IRS, as quais variam consoante o escalão de rendimento e que podem ir até 48%.

Posteriormente, caso o trabalhador aliene as participações adquiridas através do exercício da *stock option*, esse ganho já vai ser tributado como mais-valia, no âmbito da categoria G[29]. Neste caso, o ganho resulta da diferença positiva entre o valor de venda e o valor que a ação tinha na data do exercício da opção[30], sendo esta diferença tributada a uma taxa de 28%[31], sem prejuízo da opção pelo englobamento e da tributação às taxas progressivas.

Exemplificando, imagine-se que uma startup concede uma *stock option* a um trabalhador, nos termos da qual o trabalhador, findo um determinado período de tempo, pode adquirir ações da startup por 20 €. O trabalhador não é tributado quando a opção lhe é atribuída, nem quando já está em condições de exercer a opção, mas ainda não o fez. Apenas quando o trabalhador adquire as ações por 20 €, ou seja, quando exerce a opção, é que será tributado. Se, no momento do exercício da opção as ações valiam 30 €, o trabalhador é tributado sobre o valor de 10 € (30 € – 20 €), tratando-se de um rendimento de Categoria A. Posteriormente, se vender as ações da startup por 50 €, o trabalhador será tributado sobre o valor de 20 € (50 € – 30 €), sendo este um rendimento de Categoria G.

[27] Artigo 24.º, n.º 4, alínea a) do Código do IRS.

[28] Artigo 24.º, n.º 4, alínea a) do Código do IRS em conjugação o artigo 2.º, n.º 3, alínea b), 7) do Código do IRS.

[29] Artigo 10.º, n.º 1, alínea b) do Código do IRS.

[30] Artigo 48.º, alínea c) do Código do IRS.

[31] Artigos 71.º e 72.º do Código do IRS.

Fiscalidade das startups: o que falta fazer

Decorre do que expusemos acima que o regime fiscal aplicável às startups, e a todas as realidades que são centrais ao desenvolvimento de uma startup, ainda se encontra numa fase embrionária, podendo mesmo dizer-se que o regime atual é uma startup em si mesmo. Aqui chegados cabe perguntar o que pode e deve ser feito e quais devem ser as opções do legislador. Deverá será criado um regime especial aplicável às startups ou deveremos criar um regime especial para algumas startups?

Todos concordaremos que o ideal seria abranger o mais número de startups possível e assim criar condições para que qualquer empresa pudesse beneficiar de um regime fiscal mais favorável que lhe permitisse desenvolver-se. Dito isto, nem sempre o ideal corresponde ao possível. E se o ideal não é possível entendemos que o caminho será definir as áreas prioritárias que podem fazer a diferença no desenvolvimento do país. Assim, em nossa opinião, e considerando também aquelas que têm sido as opções do legislador, é inequívoco que a preferência deve ser dada ao sector tecnológico e às startups que operam nesta área.

Partindo desta premissa, caberá então definir quais são os pontos estruturais de um potencial regime fiscal para as startups e, neste ponto, consideramos que são 3 as áreas-chave: (i) tributação das startups; (ii) regime fiscal das stock options; e (iii) tributação das mais-valias em caso de venda pelos investidores.

(i) Tributação das startups

Tal como na proposta da "Ley de Startups" em Espanha, os incentivos fiscais devem começar pelos próprios impostos das startups e não apenas àqueles a que os investidores e trabalhadores estão sujeitos.

Neste contexto, a tendência verificada em outros ordenamentos é a de consagrar uma taxa de tributação mais baixa nos primeiros anos de atividade de uma startup que cumpra determinados requisitos, por forma a que o imposto não seja um fator inibidor do seu desenvolvimento e da consolidação da sua atividade e presença no mercado. Deste modo, consideramos que uma eventual redução da taxa de IRC nos primeiros anos de atividade deveria ser uma das medidas a ponderar pelo executivo em funções.

Outra situação que deverá ser tomada em consideração é a não aplicação do limite de 70% previsto em matéria de prejuízos fiscais. Isto é, nos primeiro anos de atividade, as startups não devem estar limitadas à dedução dos prejuízos fiscais, passando o limite dos 70% a aplicar-se apenas no fim de um período inicial em que a empresa se procura consolidar no mercado.

(ii) Regime fiscal das stock options

Como também vimos acima, existem dois momentos de tributação no âmbito das *stock options*. Um primeiro momento em que o trabalhador exerce a opção e é tributado no âmbito da Categoria A e um segundo momento quanto o trabalhador aliena a participação adquirida, em que a tributação ocorre em sede da Categoria G.

A revisão deste regime para o caso das startups poderia ser uma medida benéfica não só para as próprias startups, que teriam maior captação de talento, como para os trabalhadores.

De facto, os momentos de tributação deveriam ser repensados, de forma a incentivar os trabalhadores a adquirir as participações sociais e, com isso, a injetar capital na startup. O facto de, atualmente, se prever a tributação no momento em que é exercida a opção pode desincentivar o trabalhador a adquirir as ações, significando também que os trabalhadores estarão menos dispostos a aceitar as *stock options* como parte da sua remuneração. Ora, as *stock options* são essenciais ao desenvolvimento da startup, na medida em que constituem um incentivo para os trabalhadores aumentarem a sua produtividade de forma a fazerem subir o valor das partes sociais, contribuindo de tal forma para um rápido crescimento da empresa.

Neste sentido, um regime fiscal favorável à utilização de *stock options* em startups contribuirá para uma maior proliferação dessa possibilidade, trazendo consequências positivas ao nível da produtividade e do crescimento das empresas.

Perante o quadro legislativo atual, existem diferentes alterações legislativas que podem ser implementadas. Um possibilidade será deferir o momento de tributação, passando a tributação a ocorrer apenas no momento em que o trabalhador vende a participação social. Ou seja, para participações adquiridas em startups através de *stock options*, eliminar-se-

-ia o exercício da opção enquanto facto gerador de imposto. Este ganho que se deixa de tributar neste momento (a diferença entre o valor de mercado da participação no dia do exercício da opção e o valor pelo qual esta é exercida) passaria a ser tributado apenas quando o trabalhador procedesse à venda da participação.

Esta opção não prejudicaria o tratamento de uma parte do ganho enquanto rendimento de Categoria A e da outra parte do ganho enquanto rendimento de Categoria G. Apenas se assistiria a um deferimento da tributação.

Outras possibilidades haverá em que o legislador pode ir mais além, nomeadamente, através da requalificação de todo o rendimento enquanto Categoria G ou ainda através do estabelecimento de uma isenção de tributação relativamente à parcela de rendimento correspondente à diferença entre o valor da participação no dia do exercício da opção e o valor pelo qual é exercida a opção.

Esta necessidade de reformar o regime fiscal das *stock options* nas startups já foi inclusivamente reconhecida na proposta de Orçamento do Estado para 2022[32], a qual estipulava que *"[f]ica ainda o Governo autorizado a consagrar um regime especial de tributação aplicável aos ganhos previstos no n.º 7 da alínea b) do n.º 3 do artigo 2.º do Código do IRS, com os seguintes sentido e extensão: a) Definir a qualificação jurídico-tributária dos rendimentos auferidos; b) Estabelecer o facto gerador do imposto e a respetiva exigibilidade; c) Instituir um limite máximo de aplicação do regime a ganhos não superiores a € 100.000,00; d) Prever as obrigações acessórias, o quadro sancionatório e as disposições antiabuso aplicáveis."*

É, assim, de acreditar que a breve trecho o regime fiscal das *stock options* será alterado de forma a promover este mecanismo e, consequentemente, acelerar o crescimento das startups.

(iii) Tributação das mais-valias

A venda de uma participação numa startup é o momento no qual um investidor pensa quando adquire essa mesma participação e aporta os

[32] Embora a proposta tenha sido rejeitada, prevê-se que futuramente seja aprovado um Orçamento em tudo semelhante ao que foi rejeitado, podendo então esta medida relativa a *stock options* vir a ser aprovada.

fundos para a realização de um projeto. Isto é, quem investe numa startup não está a pensar a curto prazo – i.e., nos dividendos gerados – mas antes a longo prazo – i.e., na potencial valorização da participação e do seu investimento e, consequentemente, no ganho em caso de venda da participação.

Ora, sendo este o momento mais importante para o investidor, deve ser também um momento a que o legislador fiscal dá atenção. Um tratamento fiscal favorável relativamente a mais-valias com a venda de participações em startups irá criar um ambiente propício ao investimento e ao crescimento célere das startups.

O Programa Semente já prevê, para investidores individuais, que a mais-valia obtida com a venda de participações em determinadas empresas possa não ser tributada se o valor de realização for reinvestido mas como referido do que se trata aqui é de um regime de reinvestimento pelo que apenas não haverá tributação se o investidor continuar a realizar investimentos em startups. Outra alternativa, porventura mais abrangente e atrativa, será selecionar áreas estratégicas como, por exemplo, a área digital e, nessa sequência, ponderar um regime que passe por uma isenção de tributação ou redução de tributação para o investidor individual que realize investimentos em startups que desenvolvem a sua atividade em áreas estratégicas. Caso o legislador não queira (possa) ir tão longe sugere-se, ao invés, a opção por uma redução da taxa de IRS aplicável às mais-valias que se situa atualmente nos 28% (ainda que possa ser reduzida para 14% no aso de micro ou pequenas empresas).

Em suma, o posicionamento de Portugal como um país seguro e agradável para se viver ou a aposta em eventos como a *Web Summit* são suficientes para atrair pessoas para Portugal mas não são suficientes para que essas pessoas (potenciais investidores) queiram desenvolver as suas ideias/negócios através de uma sociedade Portuguesa. Para que isso suceda é necessário que a esta imagem de um Portugal moderno corresponda na prática um regime fiscal diferenciador, inovador, atrativo, competitivo mas também estável. Há um momento certo para que determinadas medidas sejam tomadas sob pena de se perderem oportunidades que podem ser decisivas no futuro da nossa economia. Em nosso entender este é um desses momentos – se hoje (e não amanhã) formos rápidos e eficazes na criação de um regime fiscal atrativo para as startups (nomeadamente na área tecnológica) amanhã poderemos beneficiar do *know how* acumulado em benefício de toda a sociedade (com mais investidores, trabalhadores mais qualificados e a atuação em áreas de futuro). Mas tem que ser hoje ...

Financiamento Das Startups | Friends, Family And Fools | Seed Money | Business Angels | Crowdfunding | Venture Capital | Private Equity | Etapas do Financiamento

ASSUNÇÃO VASSALO
JOÃO DIOGO BARBOSA

1. Introdução: A Importância do Financiamento das *Startups* e as Tendências Atuais

No ciclo de vida de uma *startup*, só o financiamento adequado pode ser mais importante do que a ideia que os fundadores se propõem concretizar. Num mercado competitivo, em que os concorrentes são frequentemente gigantes económicos com poucas limitações económicas à conquista de um segmento do mercado, a capacidade de delinear e executar uma estratégia de financiamento sustentável e adequada às necessidades do empreendimento é uma condição prévia do sucesso.

Para os profissionais do setor em Portugal, as necessidades de financiamento e liquidez foram há muito detetadas e tem havido um esforço considerável para convencer os agentes de mercado a considerar as especificidades das áreas de negócio em que as *startups* nacionais se movem e abordar diretamente o problema.

Na Europa, durante muito tempo se consolidou a perceção de um atraso relativo nestes temas, sobretudo por comparação com o ecossistema tecnológico e empresarial mais dinâmico nos Estados Unidos.

A necessidade de disponibilizar e flexibilizar os meios de financiamento disponíveis para as *startups* tornou-se também uma prioridade das políticas públicas. A Comissão Europeia tem dedicado recursos à análise do mercado europeu, coordenando mecanismos próprios de financiamento público e incentivando os Estados-Membros a desenvolver e apoiar *startups* a nível nacional. O Fundo do Conselho Europeu da Inovação tem sido um dos principais instrumentos em financiamento público para empresas nascentes em setores altamente tecnológicos. No quadro legislativo comunitário, o objetivo ainda por concretizar continua a ser a construção de um mercado de dimensão europeia para as *startups*, com iniciativas relevantes como a aprovação, em 2013, do Regulamento relativo aos fundos europeus de capital de risco.

Em Portugal, o acompanhamento da tendência europeia tem ocorrido numa escala menor e menos intensa. O número de sociedades de capital de risco – essenciais no financiamento e investimento em *start-ups* – registadas junto da Comissão do Mercado de Valores Mobiliários tem aumentado, contando com mais de 60 entidades atualmente em atividade. O investimento público é canalizado sobretudo através do Banco Português do Fomento e da Portugal Ventures, entidade gestora de fundos de capital de risco. Têm-se ainda multiplicado as iniciativas de incubadoras, aceleradoras, grupos de contacto e *business angels* no ativo, contribuindo para a fluidez do mercado. Também relevante para todos os fundadores e interessados em *startups* é a existência de um amplo leque de fundos públicos, muitos deles nem sequer evidentemente aplicáveis ao escopo natural de uma *startup*, que podem servir uma função essencial nas várias etapas de financiamento das empresas.

Atendendo ao atual contexto, a capacidade para dominar as *technicalities* e conhecer os conceitos operativos mais relevantes no âmbito do financiamento de *startups* é uma qualidade indispensável para qualquer fundador, gestor, profissional da área ou mero observador interessado nestes temas. As condições subjacentes ou implícitas aos diversos modelos de financiamento podem implicar destinos completamente diferentes para o mesmo projeto. A estrutura escolhida a cada momento para alcançar os objetivos terá impacto na cultura da *startup* e é um fator decisivo para o seu sucesso. Mesmo em situações de aparente disponibilidade de liquidez no mercado, qualquer financiamento deve ser encarado como um ato de responsabilidade, que não dispensa um conhecimento aprofundado do que está em causa e dos seus riscos inerentes.

2. O Financiamento das Startups: Uma Visão Geral

À partida, na mente de qualquer fundador está o desejo de implementar uma solução inovadora para um problema que mais ninguém viu. Idealmente, dessa solução proposta será possível consolidar um modelo de negócio suficientemente forte para fazer crescer a sua base de clientes e levar a empresa de uma garagem até à maior praça bolsista disponível.

Infelizmente, o caminho costuma ser mais tortuoso. Na vida de uma *startup*, o crescimento presume normalmente várias rondas de financiamento, combinando diferentes modelos e instrumentos, reformulações de conceitos e estruturas e, por vezes, de pessoas e produtos. A melhor forma de entender as etapas do processo de financiamento passa por entendê-las como sucessivos testes do exterior à empresa, a cada momento forçando mudanças e aperfeiçoando os seus pressupostos.

Nesse sentido, as rondas de financiamento ou de investimento são momentos fundamentais no desenvolvimento de qualquer *startup*, permitindo não só o acesso ao capital desejado, mas a sujeição de uma visão empresarial ao escrutínio externo, profissional e experiente, testando periodicamente os *business fundamentals*[1] do negócio de acordo com o momento da *startup*, aproximando-a dos padrões de mercado e fortalecendo o seu modelo de negócio.

O levantamento de capital pode também ocorrer fora do mercado. E, na verdade, é o que acontece maioritariamente numa fase inicial, quando ainda é impossível tornar a ideia apelativa aos agentes do mercado e é necessário procurar financiamento naqueles que nos são mais próximos.

Atendendo ao grau de solidez que se exige numa ronda de levantamento de capital junto do mercado, é comum que a empresa precise de algum tempo para estar em condições de concluir esse processo. Gerir a disponibilidade de recursos é um dos principais desafios de qualquer gestor, mas num setor altamente competitivo, dinâmico e veloz é ainda mais importante. No período em que é preciso dar corpo à ideia para a tornar apresentável ao exterior, os fundadores necessitam de grande flexibilidade e, a combinação de meios de financiamento, seja na sua

[1] É comum dar-se especial atenção a informação como o total de receitas, ativos e passivos e o potencial de crescimento esperado num horizonte temporal razoável.

natureza ou na sua origem, deve ser integrada como uma decisão que se repercute no tempo, de acordo com um plano detalhado mas que não pode ser demasiado rígido, sob pena de prestar um mau serviço aos interesses do projeto numa fase de tanta incerteza.

Por outro lado, muitos fundadores admitem que o planeamento de estruturas de financiamento facilmente se torna num processo burocrático pesado, que consome tempo e desvia recursos do desenvolvimento do produto, tornando-se uma forma ineficiente de utilizarem o seu tempo.

Neste artigo, procuramos clarificar os meios de financiamento tradicionalmente à disposição das *startups*, focando a nossa atenção nas especificidades do mercado português e europeu, procurando, quando relevante, acrescentar comparações com o mercado americano, ainda hoje a referência neste tema. Para além de uma breve introdução aos instrumentos e estruturas de financiamento, procuramos integrar os principais agentes – os investidores – e as fases cronológicas em que todos estes elementos se conectam.

3. O Princípio: Friends, Family and Fools

Investir numa ideia de negócio que ainda não tenha sido testada no mercado – ou que, tendo sido, não se possa ainda dizer que tenha passado o teste – exige mais do que racionalidade económica. Felizmente, há quase sempre alguém disponível para confiar naquilo que os números não mostram e, por isso, muitas *startups* começam por ser financiadas pelos fundadores e por aqueles que lhes são mais próximos.

No jargão das *startups*, esse círculo próximo de investidores ficou conhecido como "*Friends, Family and Fools*". A expressão é autoexplicativa: para além de família e amigos, serão "tontos" aqueles que estão dispostos a investir na fase mais arriscada da vida de um negócio, especialmente se se tratar de uma *startup*[2]. Não obstante a desconfiança sobre a racionalidade desta fonte de investimento, as suas vantagens são tão evidentes quanto a sua necessidade: desde logo, por surgir numa situação em que

[2] A sabedoria convencional no setor, que não está muito distante de alguns estudos e dados oficiais, aponta para uma taxa de insucesso de 90% para as *startups*, bem acima do registo para a generalidade dos negócios.

aceder a financiamento por outra via é quase impossível, mas também porque surge com condições normalmente menos onerosas do que as exigidas por investidores profissionais. Para uma *startup*, *Friends, Family and Fools* pode significar obter pelo menos algum financiamento sem necessidade de oferecer garantias ou proceder a uma extensa avaliação das condições da sociedade para reembolsar ou tornar lucrativo o investimento.

Ainda que se dispensem obrigações e formalidades, angariar dinheiro junto de família e amigos é sempre um assunto delicado, que pode prejudicar as relações pessoais. Assim, sempre que possível, a abordagem dos fundadores deve observar alguns princípios fundamentais de transparência e profissionalismo, que clarifiquem o contexto do financiamento e os termos da relação empresarial que se vai criar entre as partes.

Como ponto de partida, deve ser claro o tipo de relação que se pretende estabelecer, nomeadamente pela decisão sobre se tratará de contrair dívida ou ceder uma parte do capital. Adicionalmente, para evitar incerteza excessiva, é útil providenciar de imediato um plano de negócios tão profissional quanto o momento o permita, para ser explicado e discutido com os novos parceiros de negócios.

Optando-se por um financiamento através de dívida – um empréstimo – parece ser consensual que a melhor prática comercial passa por deixar registo escrito dos seus termos e condições, devidamente assinado por todas as partes, mesmo entre família e amigos. Num financiamento concretizado através de uma entrada no capital da *startup*, pode ser útil e eficiente ponderar um acordo parassocial que regule as condições das relações futuras entre os sócios. Recolhendo financiamento dos fundadores, da sua família ou amigos, o mais importante parece ser a capacidade para maximizar os benefícios da flexibilidade com a necessidade de equilibrar relações pessoais.

4. *Seed Money* – O Primeiro Contacto com o Exterior

Do ponto de vista do seu financiamento, a pergunta fundamental para cada *startup* pode ser enunciada de forma simples e válida para qualquer etapa do processo: quanta diluição estão os seus sócios dispostos a aceitar, em cada momento, para conseguir capital adicional?

A questão da diluição é, no fundo, uma questão de valorização. O aumento de capital é a principal via para angariar meios financeiros para uma sociedade, mas implica, se nada for expressamente acordado para o evitar, uma diluição da posição que cada sócio tinha assumido anteriormente na sua *startup*.

Não é adequado colocar a diluição como um problema de egoísmo, de sócios demasiadamente apegados ao capital e inflexíveis quanto à sua posição de controlo. O recurso a dívida, a alternativa a entradas no capital, tem limites concretos para a empresa e, quando é excessivo, pode dificultar a capacidade de expansão e sobrevivência de um projeto. As alternativas são, fundamentalmente, a cedência de uma parte do capital social, nomeadamente pelo recurso a aumentos de capital que acarretam a diluição das participações sociais originárias, ou o recurso a dívida, independentemente da sua proveniência, que vincula a sociedade a assumir custos e limitar as suas disponibilidades futuras.

Qualquer opção tem limites. São os fundadores quem melhor conhecem o produto e a proposta de valor de uma *startup* e, por isso, a sua capacidade para intervir e moldar as decisões de administração da sociedade tem um valor acrescentado. Permitir a sua diluição excessiva ou numa fase prematura seria um contrassenso, porque traria novos investidores e capital ao mesmo tempo que se perderia a capacidade para implementar a estratégia de desenvolvimento com que os fundadores construíram a *startup* e a partir da qual tinham obtido financiamento.

Durante a vida de uma *startup*, nos vários momentos em que é necessário recorrer ao exterior para reforçar o financiamento, os investidores que já eram sócios a cada momento e os fundadores, enquanto sócios originários, serão aqueles que com o tempo mais sentirão a diluição das suas participações e, também por isso, mais interesse terão em fazer as melhores escolhas desde o início.

A questão da diluição levanta-se especialmente durante a ronda de *seed funding*. Essa é, tipicamente, a primeira vez que uma *startup* recorre ao mercado para obter financiamento, sob a forma de *seed money*, para o seu projeto[3]. Numa ronda de *seed*, a *startup* precisa de encontrar investidores

[3] A fase anterior, sustentada "*Friends, Family and Fools*" e meios próprios, é a fase de "*pre-seed*", como à frente explicamos com maior detalhe. Não se pode falar verdadeiramente num

externos ao círculo de amigos e família dos seus fundadores, para tornar bem-sucedida uma primeira ronda de investimentos. É um momento tradicionalmente intenso para qualquer *startup* e para os seus trabalhadores. Pela primeira vez, investidores externos vão ser convidados a investir e investigar a empresa, da ideia aos números e às relações de trabalho, para perceber a viabilidade do seu conceito. O *seed money* aparece numa fase ainda preliminar da vida da *startup*, como se percebe pelo seu nome, mas em que a empresa já consegue apresentar-se ao exterior de uma forma suficientemente atrativa para o investimento, normalmente com alguma prova de que o produto pode ter viabilidade económica no mercado.

Numa ronda de *seed funding*, são ainda as *startups* que procuram ativamente investidores, dedicando consideráveis recursos e disponibilidades para o efeito[4]. Nos últimos anos, o ecossistema de *seed money* alterou-se consideravelmente. Para além dos investidores institucionais tradicionais, é hoje possível recorrer a plataformas de *crowdfunding*, por exemplo, que permitem colocar dívida diretamente junto de pequenos investidores, que decidem aplicar os seus fundos a determinados projetos a partir de plataformas reconhecidas e autorizadas. Para além das plataformas, têm ganho destaque e acolhimento as chamadas "incubadoras" e "aceleradoras"[5] empresariais, instituições que disponibilizam instalações físicas, financiamento e um conjunto mais alargado de serviços (incluindo apoio no contacto com o mercado e entidades governamentais, universidades e centros de investigação, mentoria e formação). Em Portugal, o aparecimento de incubadoras tem sido parte fundamental da estratégia para o desenvolvimento de *startups*, interligadas pela Rede Nacional de Incubadoras.

---

recurso ao mercado, num sentido competitivo, de escolha livre dos investidores e da tentativa de negociar os melhores termos económicos para todos os envolvidos.

[4] Evidentemente, existem casos verdadeiramente excecionais ou arbitrários, em que mesmo antes de uma ronda de *seeding*, há investidores interessados numa determinada *startup*. Ainda assim, atendendo à fase extremamente prematura em que se encontra a empresa, serão casos isolados, *outliers* que não podem servir para mais do que uma referência.

[5] A diferença entre incubadoras e aceleradoras, na sua configuração atual, é que as primeiras se destinam a providenciar um apoio estruturado e prolongado no tempo, enquanto as segundas têm um horizonte de curto prazo, destinado a induzir crescimento rápido. São já mais de 150 no território nacional.

Para além desses métodos alternativos de financiamento e suporte, a via institucional para obter *seed funding* passa por convencer fundos de capital de risco, bancos, *business angels* ou, simplesmente, fundos de investimento. Apesar de o estado atual do mercado facilitar o acesso a investidores, capital e meios técnicos adequados, a realidade da maior parte das *startups* implica ainda um esforço considerável de contacto com potenciais interessados, através de prolongadas rondas de *pitch* e promoção. Para levar a *startup* aos investidores, o *pitch*, que é uma apresentação do plano de negócios em poucos minutos, é a ferramenta mais valiosa e decisiva da *startup* e aquela em que os responsáveis pelo levantamento de capital mais devem investir.

Se o *pitch* for eficaz e pelo menos alguns investidores ficarem interessados, regressa a discussão sobre os detalhes do investimento e os conceitos operativos mais importantes nessa matéria: a repartição *debt/equity*, entre dívida e participações no capital da sociedade, e a diluição da posição dos atuais sócios. Numa primeira ronda, os detalhes do acordo tendem a ser mais facilmente acordados: a *startup* precisa de fundos, os fundadores têm menos experiência nesse tipo de negociações, especialmente em comparação com as contrapartes, cuja atividade profissional envolve este tipo de situações, e, por ser uma fase inicial, quase toda a diluição das participações sociais é mais aceitável ou, pelo menos, não problemática.

Ainda assim, o concreto formato aplicado pelos investidores num financiamento inicial de uma *startup* não obedece a uma fórmula rígida, de *one size fits all*. Embarcar numa negociação para reclamar termos mais favoráveis pode ser uma das melhores decisões financeiras da vida da empresa, protegendo os interesses do núcleo do negócio e, por consequência, de todos os sócios, independentemente do momento em que entraram para o capital da sociedade.

Para negociar a ronda de *seeding*, importa recordar os princípios que valiam para o financiamento proveniente de família e amigos – o profissionalismo, a preparação de um plano de negócios tão sólido e realista quanto possível e o apego a acordos escritos –, mas também ter uma ideia prévia dos agentes mais relevantes em cada setor, das possibilidades de estruturas para as operações de financiamento e, mais em geral, das tendências do mercado a cada momento.

Em países como Portugal, por exemplo, para além de ser necessário levar em consideração a disponibilidade de aceleradoras e incubadoras, os fundos públicos, nacionais e europeus, de carácter setorial ou mais geral, podem vir a ser extremamente vantajosos como parte da combinação de financiamentos da *startup*.

4.1. Os Investidores e os seus Mecanismos: *Business Angels* e *Crowdfunding*

Enquanto a *startup* não estiver preparada para enfrentar o mercado de investidores institucionais, mas já não for suficiente a disponibilidade de fundos dos fundadores, de amigos ou familiares, a empresa encontra-se novamente numa situação transitória potencialmente desconfortável – demasiado grande para sobreviver pelos seus próprios meios, mas incapaz de se suportar pelos meios tradicionais do mercado.

Nessa fase, a *startup* precisa de um investimento externo que acarrete, para além das disponibilidades financeiras necessárias no imediato, a possibilidade de facilitar a passagem desse momento transitório para a fase seguinte. É o momento ideal para a intervenção de figuras como os *business angels* ou *angel investors*, indivíduos com elevado património e experiência de gestão que investem em novos negócios, em especial *startups*, oferecendo meios financeiros e uma combinação de conhecimentos, características pessoais e contactos no mercado.

Considerando a natureza pessoal do investimento dos *business angels*, a sua contribuição é por vezes referida como *smart money*, dinheiro que traz conhecimentos especiais e uma expectativa de longo prazo, ciente das dificuldades e necessidades particulares de uma *startup*. O investimento de *business angels* pode ser configurado como uma injeção única, pela entrada no capital social, ou um apoio prolongado, pelo menos até à *startup* abandonar as fases iniciais.

Ainda que os *business angels* atuem no mercado de forma tendencialmente individual, não é incomum que se concertem para apoiar certos projetos, setores ou projetos. Uma vez que o seu investimento é prematuro e tem uma estrutura que se assemelha a uma mentoria, a participação adquirida tende a ser minoritária, destinada a rentabilizar o património do investidor sem o deixar demasiado comprometido com o destino de um só negócio.

Não só pelas características acessórias que trazem, mas sobretudo pela intenção de fazer um investimento e partilhar risco, as condições propostas por *angel investors* são competitivas relativamente aos investidores tradicionais e, em especial, da banca. Contrariamente aos investidores tradicionais, estes sócios são normalmente ativos, contribuem materialmente para a vida e desenvolvimento da *startup*. A desvantagem é evidente: como não é habitual um *business angel* adquirir uma grande participação no capital, o financiamento que se pode obter por esta via é limitado e não substitui por inteiro o que se pode obter através de fundos de capital de risco.

Para além disso, ao trazer para a *startup* um determinado *business angel*, os fundadores estão a "contratar" a sua perspetiva singular para moldar o seu negócio. Conviver com um investidor desse tipo implica disponibilidade para fazer adaptações à estrutura e à cultura da *startup*, pelo que deve ser um passo ponderado. Acomodar a mudança e saber usar a experiência do investidor é um novo elemento da relação de financiamento, atribuindo-lhe um carácter pessoal mais vincado que também tem de ser gerido.

Em Portugal, tal como acontece para incubadoras e aceleradoras, o IAPMEI[6] credencia determinados investidores como *business angels*, mas há ainda várias associações, como a Associação Portuguesa de Business Angels (APBA), que auxiliam investidores e *startups* a estabelecer contactos e a formar relações de investimento de tipo anjo. Ao nível europeu, com uma intenção semelhante, existem ainda mais redes e associações, notavelmente a European Business Angels Network (EBAN) e a Business Angels Europe (BAE), uma confederação que representa organizações nacionais de *business angels*.

Como alternativa ao financiamento de *business angels*, como dissemos, têm surgido cada vez mais as plataformas de *crowdfunding*. Para muitas *startups*, o acesso aos investidores experientes pode ser difícil ou impossível, para além de insuficiente. Com as plataformas de *crowdfunding*, o

[6] Agência para a Competitividade e Inovação

processo de financiamento perde formalismo e é possível oferecer diretamente aos potenciais investidores condições fechadas para a concessão de financiamento, o que pode facilitar o processo.

4.2. Os Investidores e os seus Mecanismos: *Venture Capital* e *Private Equity*

Alocar capital a empresas tecnológicas é uma atividade de risco, que exige conhecimentos técnicos especializados para o produto que se pretende vender, mas também nas especificidades de fazer escalar um negócio à dimensão que pode ter. Entre os principais investidores do setor tecnológico encontram-se as empresas de *Venture Capital* e as empresas de *Private Equity*.

As empresas de *Venture Capital* especializam-se no investimento com capital de risco em *startups* nascentes que apresentem grande potencial de crescimento a longo prazo. O capital investido está sob risco pelas mesmas razões que os investimentos do círculo mais próximo: encontra-se aplicado em empresas de um setor especialmente frágil para a sobrevivência de novos projetos, mas em que os casos de sucesso permitem remunerações acima da média. Os investimentos de *venture capital* ocorrem normalmente durante ou logo após a ronda inicial de *seed funding* e são liderados por empresas de *venture capital*.

Os fundos de *venture capital* são uma importação vinda dos Estados Unidos da América, onde o *Venture capital* começou, no século XIX e até à Segunda Guerra Mundial, como uma estratégia de investimento para as maiores fortunas do país, através de participações em veículos de aquisição de participações noutros negócios. Na sua forma e função atuais, desenvolveram-se a partir do sucesso de algumas sociedades de investimento criadas em Silicon Valley durante a década de 70, que beneficiaram do ambiente regulatório favorável e a concentração de universidades especializadas em tecnologia na área.

No essencial, o sucesso dos fundos de capital de risco explica-se por terem surgido para resolver uma falha de mercado considerável. Atendendo às particularidades das *startups*, que exigem elevadas quantidades de capital muitas vezes numa fase quase embrionária do seu desenvolvimento, era difícil conseguir, sem os moldes do capital de risco, atribuir-lhes os meios financeiros que necessitam e que, quando bem aplicados, permitem multiplicar os investimentos iniciais.

Na Europa, com um ambiente regulatório menos permissivo e sem a experiência de aquisições hostis, bolhas especulativas ou até a existência de uma região comparável a Silicon Valley que pudesse juntar a maior parte do seu setor tecnológico, o *venture capital* teve outra evolução. Apesar da trajetória dos últimos anos e que se prevê continuar num futuro próximo, o ecossistema de capital de risco europeu não tem a escala do americano e desenvolveu-se com outras características. Em Portugal, por exemplo, o maior fundo de *venture capital* é a Portugal Ventures, uma entidade com participação do setor público.

O meio mais comum para aplicar investimento de capital de risco são os aumentos de capital. O regime jurídico português aplicável aos aumento do capital é complexo, exigindo uma deliberação social especial e algumas formalidades acessórias para as concretizar validamente. De um ponto de vista substancial, a necessidade de subscrição integral do aumento será, porventura, o aspeto mais importante, por poder perigar toda a operação de financiamento em caso de incumprimento. Não obstante, é possível concretizar operações de aumento de capital com alguma velocidade e não deverá ser pelo enquadramento legal que o financiamento se impossibilitará.

No aumento de capital, o aumento de participações sociais dilui a posição relativa dos anteriores sócios. No entanto, é possível cindir o valor total do investimento entre o valor nominal das participações (relevante para o cálculo da posição de cada sócio) e a existência de um prémio de emissão, que cobre a diferença. Por essa via, pode limitar-se a diluição sem prejudicar o valor total do financiamento – mas é necessário que o investidor esteja disposto a fazê-lo.

Para além do ágio ou prémio de emissão, várias estratégias têm sido utilizadas para mitigar o efeito da diluição num aumento de capital. Desde logo, pelo recurso a *call options*, ou opções de compra de participações. Pela venda dessas opções, sobretudo no âmbito de uma ronda de financiamento, a *startup* pode obter recursos e o investidor fica com o direito a executar uma ordem de compra no futuro, atendendo à evolução da *startup*. Também comuns no âmbito das estratégias de proteção contra a diluição, por vezes incluídas nos estatutos das sociedades, em acordos parassociais ou nos acordos de investimento, são a entrega de *options* aos sócios que se querem protegidos, a emissão de ações preferenciais com voto, que permitem segmentar classes de acionistas com direitos especiais, a emissão de obrigações convertíveis em ações, com a possibilidade de ajustar a taxa de conversão caso ocorram aumentos de capital, e a inserção de cláusulas de *equity earn-out* para os sócios, permitindo-lhes indexar a sua remuneração aos resultados futuros da *startup*. Como forma de acompanhar todas estas circunstâncias e nuances, é prudente manter-se atualizada uma *capitalization table* ou simplesmente *cap table*, que regista a todo o momento os detalhes a posição de cada sócio ou investidor em relação à sociedade.

Para fundadores, a proteção contra a diluição pode ter uma vertente de controlo político da sua sociedade (de que mais tarde ou mais cedo acabam por ter de abdicar), mas para a generalidade dos investidores, trata-se de assegurar que o próprio valor do investimento que fizeram em rondas de financiamento anteriores não resulta severamente diminuído. Nestes casos, é mais comum o recurso a estratégias relacionadas com a conversão de instrumentos financeiros em capital, enquanto para os sócios interessados em controlar a gestão da sociedade, os mesmos efeitos podem ser conseguidos por cláusulas estatutárias e acordos parassociais, como por exemplo atribuir-se direitos de voto a determinadas classes de ações.

Em complemento ao *venture capital*, é possível configurar, logo numa ronda de *seeding*, a existência de *venture debt*. O quadro mental é idêntico ao que explicamos para a divisão entre dívida e capitais, sendo que, da perspetiva do risco, o regime jurídico e de garantias associado à dívida é bem mais protetor dos interesses dos investidores. Por outro lado, nas relações de dívida, contrariamente ao que acontece com os investimentos em *equity*, o montante máximo dos lucros é definido e delimitado à partida, impedindo o investidor de quinhoar nos lucros da *startup* quando esta se tiver maturado. Daí que, mesmo quando a operação é controlada por fundos de capital de risco, seja comum avançar com uma combinação de ambos, aumentos de capital e emissão de obrigações, para além de instrumentos híbridos, como obrigações convertíveis em ações, para além de obrigações direta e indiretamente decorrentes dos textos dos acordos de investimento.

Como alternativa ao *venture capital*, e numa fase mais avançada da vida da *startup* existe o financiamento por *private equity*. *Private equity* é, no seu núcleo, um investimento em partes do capital social de uma sociedade que não se encontre cotada em bolsa. Ao contrário do capital de risco, o investimento de *private equity* é realizado numa fase mais madura da *startup*, quando a *startup* já tem margens de lucro e receitas, e, geralmente, quando precisa de se reestruturar ou de expandir os seus negócios.

Por outro lado, a entrada no capital numa fase mais avançada tende a significar um investimento mais avultado, operações complexas e a aquisição de participações com intenção distinta da de simplesmente providenciar os meios necessários ao desenvolvimento de um empreendimento.

5. Etapas do financiamento

Para melhor enquadrar fontes do financiamento, é preciso conhecer a estrutura cronológica típica das várias etapas de financiamento na vida de uma *startup*. Também aqui é preciso começar por notar que o modelo típico admite muita flexibilidade prática, com *startups* que recorrem a fases intermediárias ou que avançam com maior velocidade e por isso saltam etapas.

Já antes nos referimos à ronda de *seeding*, pela sua importância autónoma, como aquela em que uma *startup* precisa de aprender a olhar para fora e especificamente para o setor em que se insere para encontrar os mecanismos que melhor servem as suas necessidades. Nessa fase, o mais habitual será o recurso a *business angels* e incubadoras devidamente credenciadas, mas o recurso às plataformas de *crowdfunding* deve ser cada vez mais considerado como uma ferramenta importante. A ronda de *seed money* pode considerar-se verdadeiramente a primeira etapa do financiamento de capital (no sentido de transferência de *equity*) de qualquer *startup*.

Dados recolhidos na América apontam esta fase como o momento de financiamento mais importante para a generalidade das empresas, uma vez que muitas conseguem angariar de imediato todos os recursos de que necessitam e muitas outras, infelizmente, acabam por não conseguir sobreviver até às rondas de financiamento posteriores.

Antes ainda de conseguirem *seeding money*, o primeiro passo no financiamento das *startups* é a ronda de *pre-seed*. Nessa ronda os fundos surgem principalmente dos fundadores e dos seus amigos e família. Por essa razão, tem características particulares que não se voltam a encontrar em qualquer outra etapa do processo de financiamento, como a flexibilidade nas condições do investimento, a possibilidade de investir sem tomar uma parte proporcional do capital ou a informalidade do processo.

Num modelo ideal, após as rondas de *seed* o financiamento decorre em séries, separadas entre si por letras. Na Série A, onde os fundos de capital de risco intervêm quase exclusivamente[7], disponibilizando investimentos já avultados, ainda que as *startups* não estejam totalmente desenvolvidas – quer quanto ao seu produto, quer também no potencial de mercado que podem alcançar. A partir deste momento, também é mais fácil observar os investidores profissionais, ainda que sob a forma de *venture capital*, a atuar em conjunto para concretizar uma ronda de financiamento.

Nas séries seguintes, B e C, o objetivo passa por conquistar mercado, melhorar a estrutura interna e aumentar a disponibilidade para recrutar talento. Especificamente para a Série C, os negócios que a eles recorrem já não podem ser vistos como *startups* no sentido de empresas nascentes, uma vez que é normalmente reservada a negócios bem-sucedidos, com o propósito quase exclusivo de subsidiar uma expansão concreta e previamente identificada. Na Série B o quadro de investidores é semelhante ao que já referimos, mas na Série C é mais usual encontrar envolvimento considerável da banca de investimento, *private equity, hedge funds* e grandes investidores institucionais.

A Série C é também, regra geral, o último passo antes de uma Oferta Pública de Venda (OPV na sigla em português e IPO na sigla em inglês), a operação em que os acionistas de uma empresa apresentam em bolsa uma proposta para a venda de parte das ações que detêm. Este procedimento, também designado de abertura do capital ao público, é uma forma de os investidores concretizarem finalmente o seu investimento de

[7] Também aqui é possível encontrar a influência do *crowdfunding*, sobretudo quando não é possível cativar investidores para obter todo o financiamento desejado.

risco em fases anteriores da vida da *startup*. A admissão à negociação em mercado regulamentado dos títulos da empresa mostra que o empreendimento terminou definitivamente a sua fase inicial, consolidando-se e estando finalmente disponível para dispersar o capital e remunerar os seus investidores.

Para além de investidores, as OPV são também formas de recompensar trabalhadores. É habitual para as *startups* desenvolver *stock option plans*, conjuntos de participações sociais reservadas a determinados trabalhadores e utilizadas como uma estratégia de retenção e captação de talento. O número de participações nos planos tende a diminuir com o tempo, apesar de, pelo menos idealmente, o seu valor crescer para acompanhar o aumento do valor de capitalização da sociedade. Pela sua natureza, tende a beneficiar os trabalhadores que mais cedo se envolvem com a *startup*, mas o momento ideal para concretizar os ganhos potenciais dessas participações é o da dispersão do capital em bolsa.

Ainda que a Oferta Pública de Venda seja o último passo e o objetivo da generalidade das *startups*, não é muito comum em Portugal. Há *startups* fundadas em Portugal que abriram o seu capital em praças estrangeiras, sendo o exemplo mais conhecido a Farfetch, que se tornou um "unicórnio" ao atingir a marca de dez mil milhões de dólares de capitalização em bolsa depois de uma operação de IPO na NYSE, a bolsa de Nova Iorque, em 2018. Entre as *startups* que se lançaram no mercado nacional, um caso mediático é o da Raize, uma plataforma de *crowdfunding* que também em 2018 dispersou 25% do seu capital, atingindo uma valorização em bolsa de dez milhões de euros.

6. Conclusões

Nos seus princípios e fundamentos, o financiamento de *startups* não se distingue especialmente dos temas do financiamento da generalidade das empresas. Para qualquer gestor, a garantia de que a sua empresa dispõe dos meios financeiros necessários para prosseguir com a sua atividade é uma preocupação de primeiro grau. Numa empresa em crescimento, esses problemas colocam-se com ainda mais urgência e frequência.

Apesar disso, a autonomização das *startups* justifica-se. Os setores em que se movem exigem especial dinamismo e, muitas vezes, ser rápido a gastar dinheiro para crescer é um valor em si mesmo. Todo o ecossistema das *startups* está construído em torno dessa conceção de crescimento rápido e, pela sua natureza, o investimento em tecnologia é caro. A combinação desses fatores criou múltiplas vias de financiamento, instrumentos criativos e praticamente uma indústria em torno de rondas de financiamentos que não existe noutros setores económicos.

Navegar eficazmente essa circunstância específica, altamente técnica pelas implicações financeiras e jurídicas envolvidas, não pode ser uma competência inata. Para o fazer melhor é preciso entrar no jargão e assumir o quadro mental específico das *startups*, tendo em conta que a flexibilidade não só é possível como até se aconselha. Como em qualquer mercado que ainda esteja a desenvolver-se, a definição do caminho típico do financiamento de uma *start-up* em Portugal terá de ser feita, na prática, pelos profissionais que arrisquem avançar com o seu próprio projeto.

Foi a pensar neles que escrevemos este artigo, procurando fornecer algumas coordenadas e descodificar alguns dos termos técnicos mais importantes neste campo, conscientes de que ainda caberá aos leitores contribuir para adaptar à nossa escala e realidade conceitos como os das séries de financiamento, o desenvolvimento de uma verdadeira indústria de *venture capital* ou a blindagem de aumentos de capital para proteger fundadores e investidores em rondas anteriores. Cabe aos interessados continuar a usar da melhor forma os recursos disponíveis, incluindo o capital privado e público, os meios humanos, as organizações de investidores e as incubadoras credenciadas.

Estrutura de um Investimento de Venture Capital | Cláusulas Especiais em Venture Capital | Estratégias para Saída e Desinvestimento e IPO | JV | SAFE

PEDRO ALVES DA SILVA
HUGO TEIXEIRA
ANDRÉ ABRANTES NEVES

I – Introdução

"One of the cautionary lessons of VC is, if you don't invest on the basis of serious flaws, you don't invest in most of the big winners." – Marc Andreessen

Com origens históricas (ou pelo menos sementes ideológicas) passíveis de recondução quer aos Séc. XV e XVI – através do financiamento das incertas e arriscadas (mas potencialmente lucrativas) expedições marítimas dirigidas a novos mundos em fase de descoberta – como ao Séc. XVIII – por via de investimentos financeiros arriscados em inovadores projetos industriais, saídos da forja da Revolução Industrial Inglesa, com elevado potencial de rentabilidade, mas também de dúvida – como ainda ao imediato período pós-Segunda Guerra Mundial – com o acolhimento do investimento de alto risco pelas estruturas públicas e privadas Norte-Americanas – o investimento em capital de risco sedimentou-se como realidade económica incontornável a partir das décadas de 70 e 80 do Séc. XX.

Conforme expressamente reconhecido pela prática do setor em Portugal, *"[e]nquanto indústria recente, as definições e características do Capital de Risco estão impregnadas pelas suas origens anglo-saxónicas.*

Assim, enquanto nos Estados Unidos da América estão bem caracterizadas duas formas fundamentais de investimento de Capital de Risco, o private equity, investimento aplicado na aquisição de participações em empresas já existentes, independentemente da sua dimensão, e com pouca ou nenhuma intervenção a nível da gestão e administração, com vista à valorização da participação, e o venture capital, o investimento em empresas pequenas, ou mesmo em projectos empresariais iniciais ("start-up's"), nas quais o investidor acompanha de perto a gestão empresarial, na Europa, o private equity tende a designar toda a indústria do Capital de Risco, incluindo o venture capital." [sublinhados nossos] – "Guia Prático do Capital de Risco" – 2006 – IAPMEI e APCRI.

É, pois, cientes e conscientes quer da fluidez e indefinição conceptual ainda existente, quer da "*anglo-saxonização*" dos conceitos com que trabalhamos, muitas das vezes sem uma definição legal, que nos propomos (e atrevemos a) abordar o tema em epígrafe.

Neste particular, iremos proceder ao longo deste texto, na linha terminológica mais utilizada pela APCRI[1] e reconhecida pela OCDE[2], à utilização do termo *venture capital* para referir o tipo de investimento patri-

---

[1] Na sua página de internet (https://www.apcri.pt/capital-de-risco/glossario/), a APCRI define Venture Capital, Venture Capitalist e Private Equity nos seguintes moldes:

- Venture Capital – Professional equity co-invested with the entrepreneur to fund an early-stage (seed and start-up) or expansion venture. Offsetting the high risk the investor takes is the expectation of higher than average return on the investment. See private equity, venture capitalist.
- Venture Capitalist – The manager of private equity fund who has responsibility for the management of the fund's investment in a particular portfolio company. In the hands-on approach (the general model for private equity investment), the venture capitalist brings in not only moneys as equity capital (i.e. without security/charge on assets), but also extremely valuable domain knowledge, business contacts, brand-equity, strategic advice, etc.
- Private Equity – Private equity provides equity capital to enterprises not quoted on a stock market. Private equity can be used to develop new products and technologies, to expand working capital, to make acquisitions, or to strengthen a company's balance sheet. It can also resolve ownership and management issues. A succession in family-owned companies, or the buyout and buying of a business by experienced managers may be achieved using private equity funding. Venture capital is, strictly speaking, a subset of private equity and refers to equity investments made for the launch, early development, or expansion of a business. See venture capital, venture capitalist.

[2] De acordo com o **"OECD Capital Market Review of Portugal 2020 – Mobilising Portuguese Capital Markets for Investment and Growth"**, *"In Portugal, the legal system does not distinguish between private equity and venture capital. The Portuguese expression "capital de risco" is generally translated as "venture capital" although it actually includes both private equity and venture capital."*

monial tendo como objetivo a aquisição de participações sociais (ou de outros ativos representativos de *equity)* em Pequenas e Médias Empresas (PME) em fase inicial ou embrionária ("*start-ups*"), ou seja, como um sub-tipo de *private equity* referente a empresas em fase de criação ou início de atividade e com uma vertente tecnológica inovadora (e eventualmente disruptiva) bastante grande[3].

O *venture capital* é assim uma forma alternativa de financiamento de sociedades recém criadas e com elevado potencial tecnológico que, em vez de recorrerem ao tradicional e não especializado financiamento bancário, mais adverso ao risco e por isso mais caro, se socorrem do capital e expertise de *venture capitalists*, muitas vezes profundos conhecedores do respetivo setor de negócio e à procura de retornos maiores do que o mercado em média oferece, com benefícios para todas as partes.

O investimento em *venture capital* também se distingue do investimento denominado por *private equity*, na aceção geral deste termo, pois enquanto o venture capital aponta a uma fase inicial da vida do *target*, com os riscos que daí advêm[4], o private equity prefere negócios mais maduros e que tenham já um cash flow relativamete estável.

Não existindo uma definição legal e concreta do termo *venture capital*, o mesmo abarca algumas realidades e protagonistas que nem sempre são os mesmos. De facto, logo na definição de quem são os *venture capitalists*, verificamos que esse investimento pode ser efetuado (i) através de sociedades comerciais – as conhecidas sociedades limitadas ou anónimas – ou (ii) através de sociedades de capital de risco ou fundos de capital de risco, e respetivas entidades gestoras, que se organizam em sociedades de investimento e que recolhem os interesses de investimento de vários aforradores que aceitam e seguem as estratégias das respetivas entidades gestoras quanto ao tipo de investimentos e aquisições a realizar.

---

[3] Deixamos aqui também a definição de "investimento em capital de risco" constante do artigo 3.º, n.º 1 do **"Regime Jurídico do Capital de Risco, Empreendedorismo Social e Investimento Especializado"**, aprovado pela Lei n.º 18/2015, de 4 de março, conforme alterado, em que "*considera-se investimento em capital de risco a aquisição, por período de tempo limitado, de instrumentos de capital próprio alheio em sociedades com elevado potencial de desenvolvimento, como forma de beneficiar da respetiva valorização.*"

[4] Segundo o dicionário Collins a palavra "venture" pode ser definida como "*to go to an unknown or dangerous place*". https://www.collinsdictionary.com/dictionary/english-thesaurus/venture

Importa ainda destacar que muitas das vezes, este investimento em *venture capital*, para além do investimento monetário (financiamento), aporta também outro tipo de mais-valias tendo em conta a fase inicial de crescimento ("*early stage*") em que os *targets* se encontram, nomeadamente aportando a essas empresas equipas de gestão (especializadas no setor de negócio em causa) e respetivo know-how em marketing, recursos humanos, tecnologia, rede comercial e respetivos contatos, etc.

Esse nosso texto irá assim debruçar-se sobre os aspetos fundamentais na estruturação de um investimento típico de *venture capital* na relação dos investidores (nomeadamente sociedades de capital de rico e/ou fundos de capital de riso) com os *targets* – e não em relação à estruturação dos veículos legais mencionadas acima que executam tais investimentos –, seguindo-se depois uma referência e comentário a cláusulas especificas e relevantes dos contratos celebrados no âmbito deste tipo de investimentos. Por fim, apontaremos a nossa atenção para a fase de desinvestimento ("*exit strategy*") e para alguns dos arquétipos e nomenclatura contratual no mundo atual e aliciante do *venture capital* – JV, IPO e SAFE.

A. Estrutura de um Investimento de Venture Capital

Os *Players*

Para perceber como funciona um típico investimento de *venture capital* temos primeiro que sumariamente identificar quem são os *key players* nesse tipo de investimento e quais os diferentes papéis que cada um deles assume.

Seguindo o caminho que o dinheiro/investimento percorre, os primeiros *key players* a ter em conta são os próprios **investidores**[5], ou seja, os indivíduos ou entidades que com as suas poupanças originam o fluxo financeiro do investimento e que alocam os seus recursos financeiros, i.e., o capital disponível, para determinados fundos de investimento, neste

[5] Muitas das vezes estes investidores são denominados pela literatura anglo saxónica de "*limited partners*". Ver exemplo em https://www.forbes.com/sites/alejandrocremades/2018/08/02/how-venture-capital-works/?sh=31e74ecc1b14.

caso de *venture capital*. Estes investidores incluem uma variedade grande de entidades e indivíduos, quase sempre investidores profissionais, como fundos de pensões, fundos soberanos, fundos de fundos, grupos familiares, bancos de investimento, etc..

Estes investidores aportam os seus recursos para **sociedades ou fundos de *venture capital* (muitas vezes denominados simplesmente por VC[6])**, sendo estes os *key players* que desempenham o papel de intermediação nos investimentos a realizar. Captam fundos de aforradores para os disponibilizar a empreendedores que necessitam desses mesmos fundos para desenvolver as suas ideias e crescer. Os fundos ou sociedades de *venture capital* podem assumir e organizar-se sob várias formas de entidades legais, sendo-lhes aplicável legislação específica, nomeadamente em Portugal em relação às sociedades de capital de risco e aos fundos de capital de risco e respetivas entidades gestoras[7].

Por fim, como alvo de todas as atenções, encontra-se a **empresa,** designada no jargão do mundo de negócios como ***start-up***, entidade jurídica onde se vão concentrar os esforços de crescimento através do financiamento alocado pelos investidores em *venture capital*. De realçar que a fase de vida e maturidade em que se investe nestas *start-ups* não é uma ciência fechada nem, tão pouco, exata, sendo possível realizar investimentos em *start-ups* que estejam em diferentes momentos da sua vida, desde o seu nascimento ou fase inicial de crescimento ("*seed*" ou "*early stage*") e cuja atividade esteja pronta a escalar, ou já num momento de mais avançado de expansão da *start-up* em que já existem vendas. Tipicamente, pelos montantes envolvidos e pela natureza temporal dos investimentos de *venture capital*, os investimentos são feitos em *start-ups* que já apresentam uma

---

[6] Muitas das vezes estes investidores são denominados pela literatura anglo saxónica de "*general partners*". Ver exemplo em https://www.apcri.pt/capital-de-risco/glossario/.

[7] Não será aqui o espaço para entrar em detalhes jurídicos sobre a legislação aplicável aos investimentos sob a chancela "Venture Capital", até porque o foco deste nosso artigo é o investimento no target e não propriamente a organização dos modelos legais relacionados com os veículos de venture capital e/ou de capital de risco, mas deixamos aqui uma referência especial para o diploma português referente à estruturação destes veículos, o acima mencionado "**Regime Jurídico do Capital de Risco, Empreendedorismo Social e Investimento Especializado**", aprovado pela Lei n.º 18/2015, de 4 de março, conforme alterado.

ideia consolidada do seu negócio e um produto (testado) no mercado, precisando de apoio para o seu crescimento, que se quer exponencial.

A estruturação do investimento em *venture capital*

Tal como adiantámos acima, o objetivo do investimento típico denominado por *venture capital* é o de investir, capital e não só, em sociedades com potencial de crescimento exponencial adquirindo participações sociais em determinado *target* e investindo no mesmo. Este desiderato é normalmente definido e estruturado através da celebração de um contrato de investimento entre *venture capitalists*, *founders*[8] e outros acionistas e também a própria sociedade *target*, no qual se estrutura a aquisição de parte do capital no *target* e/ou o investimento a realizar. Esse investimento pode ser feito através de aumento de capital social com a potencial atribuição de um prémio de emissão/ágio ou através da emissão de outros instrumentos de dívida (para além dos comuns suprimentos), como por exemplo dívida convertível em capital, acompanhada ou não do reforço dos capitais próprios do *target* (como acontece tipicamente por via da realização de prestações suplementares).

Realçamos que não é necessário que esse investimento signifique que os veículos de investimento em *venture capital* se tornem acionistas maioritários e totalmente controladores do *target*. O controlo sobre capital, gestão e dividendos representa, assim, um jogo de poder, em que as forças e fragilidades dos intervenientes se medem de forma constante, sendo necessário uma estratégia a curto, médio e longo prazo tal como uma batalha num tabuleiro de xadrez.

A estrutura de investimento de uma sociedade de *venture capital* num determinado *target* poderá ser dividida em três fases lógica e cronologicamente distintas, cada uma com as suas especificidades:

(i) o pré investimento;
(ii) o investimento; e
(iii) pós investimento.

---

[8] Iremos aqui utilizar o termo *founders* como referência aos empreendedores e fundadores, muitas vezes os criativos e impulsionadores iniciais das ideias por detrás de uma típica *start-up*.

A fase de pré investimento é aquela em que a sociedade ou fundo de *venture capital* seleciona os projetos em que irá investir os seus recursos financeiros, dentro de uma estratégia e política de investimento, e respetivo retorno, previamente definidas. Nesta fase, para além da avaliação de um *business plan*, fazem-se ainda os primeiros contactos com as sociedades *target* e respetivos fundadores/empreendedores.

A fase do investimento é aquela em que se injetam os fundos necessários na sociedade, e se aportam outras mais valias como know-how em gestão, marketing, contatos comerciais, acesso a outras fontes de capital e de financiamento, etc., tudo mais-valias que são aportadas ao *target* pelas sociedades e fundos de capital de risco.

Por fim, na fase de pós investimento e consolidação do crescimento da sociedade, os interessados avançam com a concretização dos planos de saída dos investidores de *venture capital* e de retorno do seu investimento, que podem passar por uma venda direta a um terceiro investidor das suas participações sociais ou eventualmente por um IPO (*"initial public offering"* na sua denominação mais comum em língua inglesa, i.e., uma oferta pública inicial).

Por regra, o investimento de *venture capital*, ou investimento de capital de risco, é feito através de um conjunto contratos e documentos onde o contrato de investimento é a peça fundamental e central de toda a estruturação do negócio – o qual quase sempre sucede a uma anterior *term sheet*, *letter of intent* ou *non binding offer* – que para além da aquisição de participações sociais, estrutura a forma de financiamento (e retorno) do investidor *venture capital* no *target*.

Em qualquer caso, faz-se notar que usualmente os investimentos, no contexto de operações de *venture capital*, são efetuados faseadamente. Neste contexto, é habitual o investimento inicialmente realizado poder ser posteriormente reforçado, mediante a verificação de determinado acontecimento ou alcance de determinados objetivos – *milestones*.

O processo de estruturação do investimento, por também implicar uma aquisição de participações sociais, subjacente à qual pré-existe uma avaliação e posterior assunção de risco por parte dos investidores em *venture capital*, assume muitas das fases típicas de um normal processo de M&A (fusões e aquisições), tendo como grande diferença a existência de um contrato de investimento em vez de um normal contrato de aquisição de participações sociais comumente designado por SPA – "*share purchase agreement*". Para efeitos deste artigo destacamos, muito resumidamente, as seguintes fases de estruturação do investimento, uma espécie de *road map* deste tipo de investimentos, as quais não têm necessariamente (todas) de existir nem de se verificar por esta ordem exata:

1. Definir estratégia de aquisição;
2. Identificação do *target*;
3. Negociações preliminares com definição de alguns dos pressupostos base do negócio e acordo e assinatura de algum ou alguns dos seguintes documentos:
   - *Non-Disclosure Agreement* (importantíssimo para assegurar a confidencialidade do negócio e proteger o *target* e os seus *stakeholders* em relação a informação que vai ser disponibilizada para análise),
   - *Term Sheet, Letter of Intent, Non-Binding Offer*, definição do plano macro do investimento com identificação e detalhe genérico dos termos essenciais que as partes pretendem e em que aceitam "juntar-se", definição dos pressupostos das avaliações *pre-money* e/ou *post-money* do *target* (ou seja antes do investimento e uma vez concluído o investimento), definição do método de cálculo do preço de aquisição de participações sociais, etc.;
4. Avaliação de risco – *Due Diligence* financeira, legal e outras – esta fase é de extrema relevância legal pela importância (e eventuais consequências legais) que tem a disponibilização de toda a informação a solicitar pelo investidor e conhecimento que o mesmo terá sobre o *target* – o princípio é de que quanto mais informação o investidor obtiver nesta fase, menos hipóteses terá para alegar desconhecimento de determinada matéria no futuro;
5. Negociações – *Binding Offer* e negociações finais sobre:
   a) Contrato de Investimento e documentos auxiliares (contrato de gestão, acordo parassocial, estatutos da sociedade, *business plan*, etc.) negociando-se <u>*milestones*</u>, <u>estratégias de saída e opções sobre participações sociais</u> (*call/put option*, direitos de preferência, *tag-along*, *drag-along*, *lock-up*), <u>cláusulas anti-diluição</u>, <u>emissão de ações de categorias diferentes e com direitos diferentes</u> (*preferential shares* – ações com preferência ou prioridade

no recebimento de dividendos – ou *liquidation preference* – ações que dão prioridade a investidores em recuperarem parte ou a totalidade dos seus investimentos caso a sociedade entre em liquidação – por exemplo), etc.;

b) Definição do detalhe do preço de aquisição e montantes de investimentos e ajustes aos mesmos;

6. *Signing*
Assinatura do contrato de investimento e execução dos contratos auxiliares;
7. *Closing*
Concretização do investimento, aumento de capital, implementação de todos os acordos, eficácia dependente de condições precedentes (suspensivas/resolutivas).

B. Cláusulas Especiais em Venture Capital

São várias as cláusulas que, neste contexto e no âmbito de um contrato de investimento típico em *venture capital*, merecem destaque, e de que vamos, em seguida, dar nota. Estas cláusulas, desde que observados certos limites legais e regimes aplicáveis, nomeadamente os decorrentes do Código das Sociedades Comerciais e do Código dos Valores Mobiliários, podem ser negociadas livremente pelas partes ao abrigo do principio da liberdade contratual previsto no artigo 405.º do nosso Código Civil. No entanto, não se tratando de obrigações impostas por lei, muitas destas cláusulas assumem já um estatuto de *market practice*, sendo algumas delas vistas pelo mercado, ou pelo menos pelos investidores mais sofisticados, como cláusulas de uso obrigatório neste tipo de investimentos.

Destacamos, assim, as seguintes cláusulas:

i. Proteção de anti-diluição ("*anti-dilution clauses*")

Habitualmente, os contratos de investimento ou os acordos parassociais contêm uma proteção contra a diluição do capital social, sob a forma de cláusulas de não diluição. Tais cláusulas protegem o investidor ou os *founders* contra a diluição das suas participações sociais, se se verificarem ciclos subsequentes de financiamento (*financing rounds*) com a respetiva emissão de novas ações e alargamento da base acionista. Com estas cláusulas, e em caso de aumento do capital subsequente com a entrada de novos acionistas, o investidor ou os *founders* recebem tipicamente ações suficientes a um preço descontado para manter as suas posições relativas (mantendo-se a proporção) no capital social.

Cláusulas e exemplos de estratégias de anti-diluição mais comuns são:

– Cláusula "*full ratchet*"

Cláusula de proteção anti-diluição em que o preço em que certas obrigações ou (futuras) participações sociais (convertíveis) atribuídas a uma categoria de investidores seriam convertidas por um preço mais baixo do que aquele a que certas ações ordinárias teriam sido vendidas (ou a um preço inferior com referência ao preço pago por ação num aumento de capital posterior). Exemplo: numa ronda de investimento prévia em que se captou capital a €5,00 por ação, foram atribuídos instrumentos de capital convertíveis a uma categoria de investidores para beneficiarem de uma proteção contra a sua potencial diluição. Caso uma ronda posterior se concretize por um preço de €3,00 por ação, os investidores anteriores ficariam assim com o direito de converter os seus instrumentos de capital pelo mesmo preço de €3,00 (e mais baixo que os €5,00 anteriores).

– Cláusula "*weighted averaged*"

Cláusula muito similar à anterior, mas em que a opção dos investidores seria converterem os seus instrumentos de capital por um preço ponderado médio, ou seja, no exemplo acima dado, pelo preço de €4,00 por ação.

ii. Cláusula de designação de administradores

Cláusula frequente e simples em que se confere à categoria de ações detidas pelo investidor ou pelos *founders*, o direito especial de aprovar a designação de um certo número de membros do conselho de administração da sociedade. Em Portugal o artigo 391.º, n.º 3, refere que, embora o contrato de sociedade possa estipular que a eleição de administradores, em número não superior a um terço do total, "*deve ser (...) aprovada pela maioria dos votos conferidos a certas ações*", a verdade é que tal preceito clarifica igualmente que "*não pode ser atribuído a certas categorias de ações o direito de designação de administradores*". Esta nuance é bastante importante na elaboração deste tipo de cláusulas para se evitar algum tipo de invalidade da respetiva cláusula com as consequências que daí possam advir para as partes interessadas.

iii. Direito de primeira oferta ("*right of first offer*")
Permite que, em ciclos de investimento posteriores, o seu beneficiário tenha o direito de, num prazo pré-estabelecido, ser o primeiro a negociar e efetuar uma proposta pelas ações do sócio vendedor, antes que este ofereça tais ações a terceiros.

iv. Direito de primeira recusa ("*right of first refusal*" ou "*last look provision*")
Cláusula que confere, em ciclos de investimento posteriores, ao seu beneficiário o direito de ter conhecimento quanto às ofertas que o sócio vendedor recebeu de terceiros para, num segundo momento, e novamente num prazo pré-estabelecido, poder optar por exercer a preferência pela compra das ações, nos mesmos termos e condições.

v. Cláusula de inalienabilidade de ações – "*lock-up*"
Por seu turno, tal cláusula indica um período de carência em que os sócios originais e/ou os investidores se encontram impedidos de comercializar a sua participação social na empresa, determinando-se um prazo de permanência mínima no negócio;

vi. Direito de recebimento prioritário em caso de liquidação da empresa ("*liquidation preference clause*")
Tal cláusula atribui ao seu beneficiário, em caso de dissolução e liquidação da empresa, o direito a receber com prioridade, em face dos restantes sócios, o produto, caso exista, dessa liquidação.

C. Estratégias para Saída e Desinvestimento – "*Exit Strategy*"

Tipicamente, os investidores de capital de risco, onde se inclui o *venture capital*, têm planos de investimento onde a saída ("*exit*") acontecerá de forma planeada e dentro de um horizonte temporal previamente definido. É na "saída" que estes investidores pretendem realizar grande parte (ou até a totalidade) do seu retorno. Esta "saída" passa, assim, pela venda das participações sociais de que são titulares, resultantes do seu investimento. Caso assim tenha sido contratualizado, os restantes sócios poderão decidir comprar a posição do investidor que esteja de saída, o que acontece sempre por um preço, ou método de cálculo do mesmo, previamente definido.

O termo "saída" refere-se, portanto, ao desinvestimento do investidor na empresa – ou seja, à alienação das suas participações sociais, e eventualmente algum crédito que detenha na sociedade, resultantes do seu investimento.

No que respeita ao momento da saída e do desinvestimento, são tipicamente incluídos nos contratos as seguintes cláusulas:

i. Direito de *drag-along* – confere um direito de venda conjunta de ações (tipicamente) aos sócios maioritários (e reflexamente um direito de compra conjunta aos terceiros interessados em adquirir a participação social) na empresa financiada. De facto, e neste caso, havendo uma oferta de compra de ações, tal cláusula confere aos sócios maioritários o poder de obrigar os sócios minoritários a também alienarem suas ações, segundo a forma prevista no acordo (normalmente nas mesmas condições financeiras em que os sócios maioritários alienam as suas participações); há, nestes casos, um efeito de arrastamento ("*drag*") sobre as participações dos sócios minoritários em caso de venda das participações dos sócios maioritários.
ii. Direito de *tag-along* – em caso de venda das participações sociais por um dos sócios a um terceiro, a cláusula de *tag along* confere aos demais sócios um direito (não se tratando já uma obrigação como no caso do *drag-along*, mas de um direito de acompanhamento – "*tag*") de fazerem o mesmo, alienando também as suas ações a esse mesmo terceiro nos mesmos termos e condições do sócio alienante. Habitualmente, tal cláusula estipula: (a) ao sócio, a obrigação de dar conhecimento aos demais sobre o potencial interessado na compra de sua participação na empresa; (b) aos demais sócios,

o direito de também vender a sua parte pelo mesmo preço e pelas mesmas condições estabelecidas pelo comprador interessado, se assim o quiserem;

iii. Cláusula de *call option* – trata-se de uma opção de compra, nos termos da qual, uma vez observados os termos pré-estipulados no contrato, a um determinado sócio é reconhecido o direito de adquirir as participações de outro sócio signatário, em determinados termos e condições pré-definidos;

iv. Cláusula de *put option* – ao invés da anterior, trata-se de uma opção de venda, ou seja, é a cláusula através do qual os signatários estabelecem determinadas condições que, quando verificadas, conferem a um sócio a o direito de alienar as suas participações a outro(s) sócio(s). Neste cenário, caso o sócio opte por exercer o direito de venda das suas ações, os demais obrigam-se a aceitar a sua saída da sociedade, dispondo, por exemplo, de um certo prazo para elaborarem propostas de compra antes que o sócio vendedor oferte suas ações a terceiros ou ficando efetivamente vinculados a adquirir as ações do sócio vendedor por um determinado valor.

Estas são algumas das cláusulas e estratégias mais comuns e simples para se efetivar a desejada "saída" e concretização do retorno do investimento. Pela sua complexidade iremos em seguida focar-nos nas ofertas públicas iniciais, que se tornam mais comuns quanto maior for a avaliação da sociedade.

D. Initial public offerings (IPO)

1. Conceito

Como o próprio nome indica, a oferta pública inicial (IPO) pode ser definida como sendo a primeira venda pública das ações de uma empresa. Assim, uma IPO ocorre essencialmente no mercado primário de capitais, em que se emitem novas ações, a determinado preço, diluindo, assim, a participação dos sócios (pré-existentes) na mesma.

Na maioria das empresas, é realizada uma oferta pública de venda com o intuito de aumentar o capital próprio da mesma, assim como criar um mercado público onde fundadores e acionistas possam converter as suas participações em ganhos, com a venda futura das mesmas. Em suma, uma empresa que efetua uma IPO aumenta a liquidez das suas ações, e por esse motivo tende a ser mais valorizada do que as empresas que não têm ações cotadas.

Para além do acima exposto, importa ainda realçar que as empresas cotadas, transmitem maior confiança e reputação ao mercado, o que lhes confere a obtenção de novos clientes, segurança financeira e expansão dos negócios e consequentemente um aumento de rentabilidade.

2. Tipos

Existem três métodos pelos quais uma empresa pode realizar uma oferta pública inicial, a saber:

I. Método do Preço Fixo

Numa oferta através do método de Preço Fixo, a empresa emitente e os *underwriters* (parte que avalia e assume o risco de outra parte por uma taxa, que frequentemente assume a forma de comissão, prémio, spread, ou juro) determinam o valor e a quantidade de ações que pretendem vender, sendo os mesmos conhecidos nos dias anteriores à oferta.

Relativamente a este método, os níveis de procura por parte dos investidores apenas são conhecidos no final da oferta, atendendo à adesão à mesma.

II. Bookbuilding

No método de *bookbuilding*, existem duas fases:

a) Pré-fase da oferta, em que o *underwrite*r realiza uma apresentação do investimento a realizar de forma a dar a conhecer a oferta aos vários investidores, reunindo assim informações relativas à procura;

b) Definição dos intervalos de preço, de modo a determinar um preço final, tendo por base o reconhecimento do mercado feito na pré-fase da oferta.
c) Este método é tendencialmente mais vantajoso quando as empresas pretendem entrar em bolsa, uma vez são recolhidas as intenções relativamente aos investidores e facilita a determinação do preço da oferta.

III. Leilão
Por via do método Leilão, o *underwriter* não tem qualquer contacto com os investidores. Assim, as ações são alocadas com base nas ordens de compra dos investidores. Cerca de uma semana antes da concretização da IPO, o *underwriter* fixa um preço mínimo base, a partir do qual os investidores emitem as suas ordens de compra, indicando a quantidade e o preço que pretendem. Através deste método, os *underwriters* conseguem determinar uma curva de procura, de onde estes partirão para determinar o preço de oferta.

3. Timings

Um dos pontos mais importantes no que se refere às IPOS, prende-se com a determinação do momento em que a empresa deverá abrir o seu capital ao público.

Para análise do momento mais vantajoso para abertura do capital ao público, geralmente recorre-se a duas teorias:

i. Teoria do Ciclo de Vida
Segundo esta teoria, à medida que uma empresa vai crescendo, torna-se economicamente mais viável a obtenção de capital externo através de uma IPO, sendo a oferta pública inicial uma consequência natural do amadurecimento de uma empresa.

Face ao exposto, as empresas decidem abrir o seu capital, quando as mesmas necessitam de obter fundos de forma a financiarem o seu crescimento e a criarem um mercado público e líquido para os seus acionistas.

ii. Teoria do Market Timing

"Market Timing" consiste numa estratégia de compra ou venda de um ativo baseada na previsão do comportamento do seu preço no futuro. Por conseguinte, esta estratégia tem em conta a análise do comportamento do preço desse ativo e na previsão da sua evolução, tipicamente para prazos curtos de tempo.

Atendendo ao acima exposto, as empresas, ao realizarem uma oferta pública inicial, devem analisar previamente as condições económicas do mercado, de modo a que as mesmas aumentem o seu valor de mercado, e assim, os acionistas possam tirar proveitos da sobreavaliação das ações.

Apesar das vantagens que deste método podem advir, há que ter em atenção que este comporta um elevado grau de imprevisibilidade e exige conhecimentos e disponibilidade que muitos investidores particulares não têm, sendo certo que o seu sucesso pode ser potenciado em momentos de maior volatilidade no mercado.

4. Métodos de Subscrição

Os dois principais métodos de subscrição utilizados numa oferta pública inicial por parte dos *underwriters*, são os seguintes:

i. Firm Commitment

Num contrato de subscrição de *Firm Commitment*, o *underwriter* assume o risco da operação, comprando todas as ações da oferta com um desconto de subscrição. Apenas no momento da publicação do prospeto final, o banco subscritor garante entregar as receitas (líquidas de comissão) à empresa emissora, esteja a oferta totalmente subscrita, ou não.

ii. Best-Effort Commitment

Já nos contratos de subscrição de *Best-Effort Commitment*, os *underwriters* comprometem-se a fazer os seus "melhores esforços" para vender entre um número mínimo e máximo de ações pré-estabelecido.

Caso do número mínimo de ações oferecidas não sejam vendidas, num período que normalmente tem a duração de 90 dias, o dinheiro dos investidores é devolvido, não recebendo as empresas emitentes qualquer pagamento.

5. Custos de uma IPO

O lançamento de uma oferta pública inicial tem inerente custos para as empresas emissoras, nomeadamente, as comissões a serem pagas aos *underwriters*.

Para além do custo monetário, as ofertas públicas iniciais, por criarem um mercado secundário para as ações da empresa emitente, poderão levar à revelação de informação confidencial, bem como a perda de controlo e de autonomia por parte dos acionistas. Uma forma de mitigar estes custos, prende-se com a criação de uma estrutura de ações composta por duas classes, opção essa que muitos gestores adotam no mercado atual.

Na prática, com a existência de classes duplas de ações, os acionistas detentores dessas mesmas ações, utilizam o poder de voto extra, para poderem impor a saída da administração mais fraca ou forçar a administração a adotar políticas que aumentem o valor para o acionista.

6. Processo

A oferta pública inicial tende a ser um processo bastante longo e complexo. Por regra, inicia-se com a escolha de um *underwriter*, que normalmente atua como um intermediário financeiro entre a empresa que emite ações e os próprios investidores.

A realização de oferta pública de aquisição está, ainda, sujeita a registo prévio na CMVM.

Antes do lançamento definitivo da oferta, o oferente tem a possibilidade de publicar um anúncio e prospeto preliminares – também este sujeito à aprovação da CMVM – e iniciar atividades promocionais e publicitárias, com vista ao desenvolvimento de ações de prospeção e sensibilização que lhe permitam verificar a viabilidade da oferta e as condições em que pode ser lançada.

Apesar de o prospeto já não ser uma exigência legal para o lançamento de uma oferta pública inicial, a preparação deste documento permite compilar a informação imprescindível a tomada de decisão dos potenciais investidores.

Possibilita-se, assim, que o mercado possa de alguma forma ditar as condições do lançamento da oferta, intervindo nomeadamente na fixação do preço e das quantidades de valores a colocar (similar ao método *bookbuilding*).

Importa ainda referir que cabe ao oferente assegurar que a oferta cumpre as normas legais e regulamentares aplicáveis, nomeadamente as relativas à licitude do seu objeto, à transmissibilidade dos valores mobiliários e, quando for o caso, à sua emissão.

E. Joint ventures

1. Conceito

Uma *joint venture* representa a participação de várias empresas no capital de uma unidade económica e juridicamente independente, com o fim de desenvolverem uma atividade produtiva e/ou comercial, dando assim origem à partilha do respetivo património, lucros e risco do negócio.

Abordamos aqui esta figura pois em variadas ocasiões os investimentos a realizar por e em *start-ups* passa pela formação de *joint ventures* especializadas em certos setores de negócio.

Posto de outro modo, entende-se por *joint venture* como a associação entre duas ou mais empresas, que podem ou não ser do mesmo ramo, durante um período específico e limitado, para a prossecução de um objetivo comum. Ainda do ponto de vista jurídico-legal, as *joint ventures* poderão ser definidas como "*uma relação, de conteúdo complexo, estabelecida entre entidades que explorem empresas com a finalidade de realizar em comum e num quadro de concertação, um determinado projeto empresarial, mantendo, em contrapartida, numa determinada esfera minimamente apreciável, a sua autonomia jurídica e uma capacidade própria de determinação do seu comportamento comercial nesse mesmo âmbito*".[9]

---

[9] Luiz Domingo da Silva Morais – Empresas comuns – *joint ventures* – no Direito Comunitário da Concorrência. Coimbra: Almedina, 2006, p. 172.

As *joint venture* poderão assumir as formas societárias legalmente em vigor no país em que se encontra a sua sede ou residência fiscal, ao mesmo tempo que as empresas "mãe" que estão na sua origem continuam a existir como empresas autónomas.

2. Vantagens e Desvantagens

De entre as múltiplas vantagens e desvantagens em optar por uma joint venture, destacam-se as seguintes:

i. Vantagens:

a) Entrar em mercados relacionados que anteriormente tinham demasiadas barreiras à entrada;
b) Acesso a especialização sem necessidade de contratar mais pessoal;
c) Desenvolvimento de tecnologia existente e patentes desenvolvidas pela outra empresa; e
d) Partilha de risco.

ii. Desvantagens:

a) Possibilidade de estabelecimento de objetivos pouco claros e realistas, não alinhados num objetivo comum;
b) Desequilíbrios nos níveis de especialização, investimento ou bens; e
c) Diferentes culturas e estilos de gestão resultam numa integração e cooperação pobres.

3. Funções

Um dos motivos mais comuns para a constituição de *joint venture* reside na dispersão dos custos e riscos associados a um processo de investimento.

No que concerne a partilha dos custos e riscos na pesquisa e desenvolvimento do produto, muitas vezes, as necessidades de inovação técnica ao nível da produção de certos bens e serviços em particular, determinam com frequência a conjugação de meios e recursos complementares de diferentes grupos empresariais. Decorre, portanto, do exposto, que mesmo empresas concorrentes podem formar *joint ventures* com vista a reduzir os custos associados aos processos de pesquisa e desenvolvimento de produtos (normalmente, optando pela figura jurídica do consórcio)

Relativamente à partilha dos custos de investimento e de risco financeiro, de particular relevância no caso de empresas de capitais de risco, muitos projetos empresariais pressupõem simultaneamente elevados custos de investimento inicial e uma considerável incerteza relativamente aos resultados que possam gerar, pelo que, a partilha do investimento e do risco através de uma *joint venture*, constitui, para muitas empresas, a única forma de fazer face a encargos tão acrescidos.

F. SAFE

O SAFE é acrónimo para "*Simple Agreement For Future Equity*". Este modelo é bastante recente e apresenta uma flexibilidade bastante interessante ainda que de um ponto de vista jurídico suscite algumas questões conceptuais por similitude com um comum contrato promessa de bens futuros (participações sociais).

De um modo genérico, é um contrato celebrado entre o investidor e a *startup*, cujos efeitos dependem da ocorrência de eventos da vida da *startup* aí determinados, sendo que as obrigações que daí decorrem para a *startup* diferem entre si consoante o evento que ocorra. No SAFE, estipulam-se e definem-se o que se consideram ser os *trigger events*, assim como se concretizam em que termos será devido o reembolso do investimento ou o direito a subscrição de participação na *startup*.

São, habitualmente, configurados como *triggers events*: o aumento de capital social através de rondas de financiamento, a liquidação e a dissolução da Sociedade.

Em suma, e no contexto dos acordos SAFE, tem a *startup*, para com o investidor, a obrigação principal de, na ocorrência do *trigger event*, reembolsar o montante investido ou lhe atribuir uma participação social na sociedade.

Crowdfunding | Financiamento em Startups

DIOGO PEREIRA DUARTE
ISABEL PINHEIRO TORRES

Startups, o seu ciclo e formas de financiamento

Apesar de algumas referências legislativas em várias partes do globo, não existe uma definição consensual do que seja uma *startup*. No *European Startup Monitor* (2020/2021) apresentam-se três caraterísticas de uma *startup*: (i) uma sociedade em início de atividade há menos de dez anos; (ii) que procura a execução de modelo de negócio e/ou utilização de tecnologias altamente inovadoras; (iii) e que tenha ou ambicione ter um crescimento acentuado em matéria de número de colaboradores e/ou vendas, ou seja, n a qual exista intenção de crescer, ou escalabilidade.

É neste sentido, essencialmente, que vamos utilizar a expressão *startup* neste texto. Queremos referir uma sociedade em fase inicial das suas operações, que procura desenvolver um modelo de negócio inovador e estruturado para permitir à sociedade um crescimento exponencial. São as *gazelle companies*: sociedades em crescimento e concebidas para gerar riqueza.

O ciclo de financiamento das *startups* – enquanto financiamento de um projeto empresarial em fase inicial, constituído sob a forma societária é marcado por diversas especialidades, quando comparado com o financiamento de outo tipo de empresas, e é por isso que o *crowdfunding* pode ter uma importante palavra a dizer nesta matéria.

Em geral, quando falamos de financiamento societário estamos a referir a alocação á empresa de meios financeiros, seja com recurso a capitais próprios, seja com recurso a capitais alheios.

No financiamento com recurso a capitais próprios, este decorre, em primeira linha, da realização da participação de capital consequente da aquisição de um participação social em mercado primário e que é feito, portanto, pelos sócios da sociedade. Nesta modalidade, o financiamento resulta da aplicação do capital social e que será remunerado pela distribuição de dividendos e pelo saldo de liquidação. Nesta forma de financiamento, a remuneração do investimento feito pelos sócios está sempre dependente, de alguma forma, do desempenho societário.

No financiamento com recurso a capitais alheios estamos a falar de financiamento societário realizado por terceiros, ou seja, não sócios. Neste caso, o financiamento é feito numa ótica de mútuo oneroso: o financiador empresta determinada quantia em dinheiro e será remunerado pela restituição das quantias mutuadas e pagamento dos juros convencionados, pelo que a remuneração das entidades financiadoras e o calendário de reembolso dos fundos estão pré-fixados, não dependendo do desempenho da sociedade. Nesta forma de financiamento, a remuneração do investimento é tipicamente incondicional, isto é, não depende do sucesso ou insucesso do projeto financiado.

Podem também existir formas híbridas de financiamento: prestações acessórias, prestações suplementares e suprimentos que configuram o financiamento através de instrumentos de dívida mas, porque realizados por sócios, com uma ordem de prioridade de reembolso inferior face à dívida sénior, ou seja, a que resulta do financiamento com recurso a capitais alheios (capitais *quase-próprios)*.

Existe algum consenso na enunciação de algumas fases típicas no financiamento de *startups*, ou das suas rondas de financiamento. Fala-se, assim, de um ciclo de financiamento de *startups*.

A primeira fase do ciclo de financiamento de *startups* é a de fase de investimento semente. É uma fase de investimento embrionária, ou de prova de conceito. Nesta fase, o investimento vai ser realizado para possibilitar estabelecer a direção e objetivos da atividade da sociedade, entre os quais a criação de uma equipa, a criação de um produto e a definição de uma orientação no mercado. Trata-se, pelo menos numa fase inicial, de um investimento sem contrapartida na geração de receitas para a sociedade. À fase semente segue-se o investimento de série A, que tem em vista otimizar a entrada no mercado e o alargamento de uma rede de distribuição. A ideia será desenvolver o modelo de negócio utilizado, de tal forma que esta série é designada de série de desenvolvimento. No investimento série B, além dos objetivos comuns a todas as rondas de financiamento, como a expansão da equipa e a globalização da oferta da empresa, inicia-se um plano de fusões e aquisições, embora a prática corrente seja iniciar este procedimento na fase subsequente. No investimento série C procura-se obter a escalabilidade do negócio, ou seja o crescimento da sociedade de forma ampla e rápida, antecipando para os investidores das rondas iniciais um momento de saída e de rentabilização do investimento em mercado secundário.

A cada uma destas fases corresponde um diferente perfil de risco de investimento. Enquanto o investimento na fase semente tem um risco máximo, o que se constata pela circunstância de que a grande maioria das *startups* não chega a sair do papel, sucumbindo no que se designa de *valley of death* – literalmente o vale da morte – esse risco vai diminuindo progressivamente à medida que se atingem diferentes rondas de investimento. Inversamente proporcional é o retorno do investimento realizado: quanto mais cedo realizado esse investimento maiores são as taxas de retorno de um projeto bem sucedido. Por esse motivo já se tem caraterizado as *startups* como sociedades *high risk high growth.*

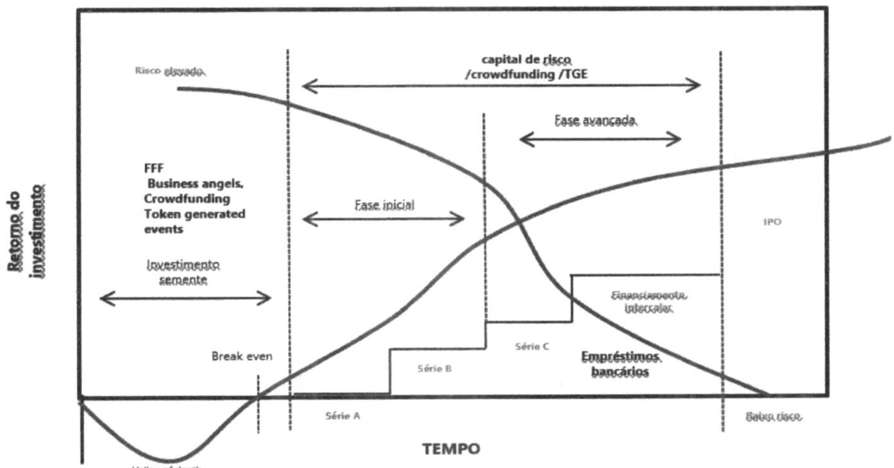

Tendo em conta o ciclo de financiamento referido acima, e o perfil de risco associado às diferentes fases do mesmo, o recurso a capital alheio, numa ótica de financiamento bancário, nas fases iniciais é inviável. A inexistência de oferta deste financiamento para *startups* compreende-se pela incipiência dos seus balanços, a inexistência de histórico em termos creditícios e, não raras vezes, pela inexistência sequer de um projeto em execução que assegure fluxos financeiros que permitam corresponder ao serviço da dívida.

Ou seja, estas empresas colocam um problema de bancabilidade que lhes limita as fontes de financiamento ao financiamento feito pelo próprios fundadores (*founders*) ou a sua família e amigos (o financiamento feito pelos três FFF – *founders, family and friends* –, ou o que se designa de *bootstrap financing*); e ao financiamento por parte de investidores profissionais, como *business angels* ou sociedades/fundos de capital de risco, os principais operadores no mercado de financiamento privado das sociedades com recurso a capitais próprios.

Mesmo neste segmento a oferta é limitada. Tirando alguns fundos de capital de risco especializados em investimento em fase semente, o elevado risco da fase inicial do ciclo faz com que a oferta de capital de risco – que, nos termos legais, deve seguir o melhor interesse dos participantes – fique reservada para fases mais tardias, gerando uma falha de mercado no investimento em *startups* (o *funding gap* de *startups*).

É neste contexto de limitadas fontes de financiamento que aparece o *crowdfunding* como forme de financiamento de *startups*, e ainda outras formas de financiamento *online*, em especial com recurso à emissão e distribuição de cripto-ativos. Sobre este últimos, falaremos em texto subsequente neste livro.

Crowdfunding

O termo *crowdfunding* ou financiamento colaborativo, pode ser caracterizado como um método, relativamente recente e ainda em evolução, de utilizar uma plataforma na *internet* para aceder às contribuições financeiras de pessoas ligadas em rede com o objetivo de financiamento de atividades ou projetos.

Não obstante a variabilidade e mutabilidade dos modelos de negócios em que se concretiza, pressupõe tipicamente: (i) uma campanha dirigida ao público através do *upload* de um vídeo de apresentação (*pitch*) numa plataforma na *internet;* (ii) com o objetivo de se obterem fundos para um projeto específico; (iii) na sequência da qual os financiadores (*backers*) enviarão, aceitando financiar o projeto, fundos para os promotores dos projetos (*project owners*), as entidades financiadas; (iv) por uma, ou várias, das seguintes modalidades: donativos; recompensa; capital; e empréstimo.

Da noção mais vasta de financiamento colaborativo pode ser destacada uma noção restrita de investimento colaborativo ou, na expressão inglesa, de *financial crowdfunding*, que se traduz no financiamento também com recurso a uma plataforma da *internet*, mas que implica tipicamente a atribuição de partes representativas do capital social, partilha de lucros ou dividendos, ou a remuneração de um empréstimo que seja feito aos financiados. Trata-se, pois, de investimento feito na expectativa de retorno financeiro.

O *financial crowdfunding* cresceu exponencialmente e tem-se assumido, a nível mundial, como um método fundamental de financiamento de *startups*. Esse crescimento está bem documentado no relatório do Centro de Cambridge para o financiamento alternativo (*2nd Global Alternative Finance Market Benchmarking Report*), com dados de 2019 e 2020.

Existem vários fatores que podem explicar o seu crescimento. Em primeiro lugar, a dificuldade no acesso aos meios de financiamento tradicionais, e as falhas de mercado inerente ao seu ciclo de financiamento, de que já demos conta, a que se somou certamente a contração creditícia subsequente à crise iniciada em 2008 que incidiu, de forma muito particular, sobre o setor financeiro, e que afetou não apenas *startups* mas o tecido empresarial em geral e, portanto, também as PMEs.

Mas o seu sucesso justifica-se também pela democratização dos mecanismos próprios da indústria financeira possibilitada pela utilização de novas ferramentas tecnológicas conceptualizadas como web 2.0, associadas à mitigação do risco possibilitada pela *wisdom of the crowd*, em resultado da utilização das redes sociais. A utilização da *internet* possibilita dirigir qualquer oferta a uma audiência extraordinariamente numerosa e dispersa em termos geográficos, em que os destinatários, individualmente, realizarão apenas pequenas contribuições, sem formalismos especiais, possibilitando, ainda assim, a reunião de fontes significativas de fundos canalizados por pessoas que, noutro contexto, não seriam investidoras em sociedades e projetos, até porque os custos de transação tornariam tais negócios ineficientes. Verificam-se aqui os fundamentos económicos do *long tail market*, o mercado de cauda longa.

Na ótica de fundadores das sociedades, o *financial crowdfunding* apresenta ainda a vantagem de uma melhor valorização da empresa, menor custo do capital, e maior rapidez na conclusão do processo de financiamento. Finalmente, evita os custos de uma intermediação tradicional, pois possibilita o acesso quase direto aos investidores.

O financial *crowdfunding* possibilita ainda, para os promotores de projetos vantagens complementares, de natureza não estritamente financeira, entre as quais se podem destacar: (i) apresenta uma métrica de aceitação de um projeto antes mesmo da fase da sua produção, em termos em tudo semelhantes à análise possibilitada a partir de *big data*, e de forma inteiramente grátis; e (ii) produz um efeito de *marketing* resultante da promoção na plataforma e das interações nas redes sociais que ela pode possibilitar. Em consequência, é também possível que o mérito de uma campanha de *crowdfunding* seja o principal fator que vem debloquear, para os promotores, o acesso aos meios tradicionais de financiamento.

Na ótica dos financiadores, o sucesso do *crowdfunding* justifica-se, ainda, pela ligação emocional que os financiadores estabelecem com a ideia ou projeto financiado, proporcionado uma experiência no mercado de capitais consistente com os fundamentos económicos da *experience-based economy*. Temos, pois, o investimento temático, que é também um dos alicerces fundadores das recentes tendências de investimento ESG.

No que respeita aos intermediários, pode apontar-se como fator de sucesso do *crowdfunding* o número crescente de exigências regulatórias à atividade bancária e de intermediação financeira, e custos associados, provocadas pela crise financeira, que tem feito surgir evidentes fenómenos de *shadowbanking*.

A entrada em vigor do regime europeu de crowdfunding

Na Europa, apesar de ter existido um crescimento significativo, a fragmentação dos regimes jurídicos aplicáveis ao financiamento colaborativo nos diferentes Estados Membros não tem permitido, até ao momento, atividade transfronteiriça e soluções escaláveis. Tal limitou a possibilidade de *startups* portuguesas se dirigirem ao mercado europeu, globalmente considerando, solicitando ativamente à *crowd* financiamento para os seus projetos. Mas esta limitação, que era de todo injustificada, está na sua fase final.

No plano de ação sobre tecnologia financeira da Comissão Europeia, de março de 2018, foi sublinhado que a inexistência de um quadro comum da EU dificultava a capacidade de os prestadores de financiamento colaborativo se expandirem à escala do mercado único, principalmente devido às divergências entre as abordagens nacionais em matéria de supervisão e regulamentação. Nesse sentido foi proposto um enquadramento regulatório com vista a que os intervenientes do mercado que decidam exercer a sua atividade como prestadores europeus de serviços de financiamento colaborativo beneficiem de um regime completo de passaporte europeu, proporcionando incentivos para os prestadores de financiamento colaborativo expandirem as suas atividades, assegurando simultaneamente a proteção suficiente para os investidores e os titulares de projetos.

Este objetivo de evitar um quadro fragmentado do ponto de vista normativo para o financiamento colaborativo foi, assim, a grande razão de ser do início de um processo legislativo com vista à adoção do Regulamento Europeu sobre o tema. Esse processo culminou em 10 de novembro de 2021, com a entrada em vigor do Regulamento Europeu sobre prestadores de serviços de financiamento colaborativo (2020/1503), que institui um regime de passaporte europeu para o *crowdfunding*

Assim, a partir de 10 de novembro de 2021, um prestador de serviços de *crowdfunding*, autorizado num Estado Membro da EU, poderá atuar como prestador de serviços e, nessa medida, dirigir ofertas de financiamento colaborativo em todo o espaço da União, sem necessidade de posteriores autorizações ou (exceto em alguns casos, por exemplo, nas comunicações publicitárias) de se adaptar ás particularidades dos regimes locais.

Isto tem um custo para os regimes nacionais. Existindo sobreposição com o regime europeu, deixam de ser possíveis licenças ao abrigo dos regimes nacionais, e apenas por um período limitado de tempo, as empresas já autorizadas ao abrigo dos regimes nacionais poderão continuar a prestar a sua atividade ao abrigo desses regimes. Segundo o artigo 48.º: *"Os prestadores de serviços de financiamento colaborativo podem continuar, em conformidade com o direito nacional aplicável, a prestar os serviços de financiamento colaborativo abrangidos pelo âmbito de aplicação do presente regulamento até 10 de novembro de 2022 ou até que lhes seja concedida a autorização a que se refere o artigo 12.º, consoante o que ocorrer primeiro.*

Durante o período transitório, referido anteriormente, os Estados-Membros podem estabelecer procedimentos de autorização simplificados para entidades que, à data da entrada em vigor do presente regulamento, estejam autorizadas nos termos do direito nacional a prestar serviços de financiamento colaborativo. As autoridades competentes asseguram que os requisitos estabelecidos no artigo 12..º são cumpridos antes de concederem a autorização nos termos desses procedimentos simplificados.

O âmbito do regime europeu e do regime português no financiamento de startups

O regime europeu será aplicável apenas a algum *crowdfunding* e os meios utilizados para o financiamento de *startups* são limitados. Os meios adicionais de financiamento para *startups*, quando necessários, reclamarão a conjugação do regime europeu e dos regimes nacionais, que continuarão aplicáveis em franjas relevantes.

Em primeiro lugar, existe uma limitação quanto aos instrumentos de financiamento abrangidos: (i) só certo tipo de empréstimos; (ii) só certo tipo de instrumentos de capital próprio. O regime europeu define *crowdfunding* como *o serviço que consiste em fazer corresponder os interesses dos investidores e os dos promotores de projetos em matéria de financiamento de entidades, através da utilização de uma plataforma de financiamento colaborativo, e que pode assumir uma das seguintes atividades: i) facilitação da concessão de empréstimos; ii) colocação sem garantia de valores mobiliários e instrumentos admitidos para efeitos de financiamento colaborativo emitidos por promotores de projetos ou por uma entidade com objeto específico, e receção e transmissão de ordens de clientes, relativas a esses valores mobiliários e instrumentos admitidos para efeitos de financiamento colaborativo.*

Por outro lado, a prestação de serviços só pode ser feita por pessoas coletivas estabelecidas na EU.

Trata-se, pois, de um âmbito que não coincide inteiramente com regime nacional, pelo que o regime europeu vai implicar uma restrição importante ao âmbito de aplicação do regime nacional, mas não a sua revogação.

No que respeita aos meios de financiamento permitidos, no regime Português (Regime jurídico do financiamento colaborativo, ou RJFC) o *equity crowdfunding* pode envolver uma oferta de subscrição no mercado primário dirigida ao público, via *internet*, de (i) participações no capital a serem emitidas pelas entidades financiadas; ou (ii) acordos contratuais que dão direito às empresas financiadas a pagamentos equivalentes a uma participação no capital (quase capital) e, em contrapartida de tais pagamentos, conferem aos investidores o direito de usufruto de uma ação na entidade financiada; a atribuição de dividendos ou participação nos lucros relativos às receitas decorrentes dos projetos financiados. Entre esses acordos contratuais permitidos pelo Artigo 3(c) do RJFC, podemos incluir vários acordos socialmente típicos comumente usados no financiamento de *startups*, como acordos de participação nos lucros; empreendimentos conjuntos; acordos para equidade futura; *phantom stock*, e todos os demais acordos pactuados sob o princípio da liberdade contratual, desde que prevejam a realização de uma participação de capital em contrapartida de uma participação no projeto e/ou nas receitas do projeto em questão. Não é assim no regime europeu: em princípio apenas está possibilitada a distribuição de ações e, em termos limitados, a distribuição de participações em sociedades de responsabilidade limitada que não qualifiquem como valores mobiliários, ou seja Instrumentos admitidos para efeitos de financiamento colaborativo. Segundo a al. n) do artigo 2.º do regime europeu, serão "Instrumentos admitidos para efeitos de financiamento colaborativo", *em relação a cada Estado-Membro, participações numa sociedade de responsabilidade limitada que não estão sujeitas a restrições que as impeçam efetivamente de ser transferidas, incluindo restrições à forma como essas participações são oferecidas ou anunciadas ao público.* Em Portugal, dadas as limitações legais e de ordem prática, parece questionável se as quotas das sociedades por quotas poderão ser abrangidas, pelo menos sem intervenção legislativa.

Assim, caso as *startups* pretendam distribuir ações de sociedades não qualificadas como valores mobiliários ou outros instrumentos admitidos para efeitos de *crowdfunding*, ou acordos contratuais com o funcionamento de quase-capital, e desde que tenham uma ligação relevante com a jurisdição portuguesa, o RJFC continuará a ser aplicável.

No que respeita a financiamento através empréstimos, no regime europeu a definição de "empréstimo" inclui a obrigação incondicional de reembolsar o capital juntamente com os juros corridos, excluindo, portanto, os contratos de empréstimos subordinados e os empréstimos estruturados indexados aos lucros, que são instrumentos típicos de financiamento de *startups*. Em Portugal, tais empréstimos são admitidos no RJFC e enquadram-se no seu âmbito de aplicação, o que leva a concluir que as *startups* que pretendam financiar-se através de empréstimos que não incluem a obrigação incondicional de reembolsar o capital conjuntamente com juros corridos (como empréstimos subordinados e empréstimos estruturados subordinados aos lucros de um projeto), desde que haja uma ligação relevante e existente com a jurisdição portuguesa, devem recorrer a plataformas autorizadas ao abrigo do RJFC, que permanecerá aplicável às ofertas desses instrumentos de financiamento.

Outra diferença nos regimes, relevante para *startups*, diz respeito às ofertas realizadas por empresas (prestadores de serviços de *crowdfunding*) de países terceiros, isto é, localizadas fora do espaço da União Europeia. De acordo com o regime europeu, apenas os prestadores de serviços de *crowdfunding* estabelecidos na União Europeia e autorizados como prestadores de serviços de *crowdfunding* nos termos do artigo 12.º do Regulamento europeu podem realizar os serviços de *crowdfunding* definidos nesse regime. O artigo 5.º, n.º 1, do RJFC não apresenta qualquer limitação em relação às empresas de países terceiros.

A ausência de um quadro para empresas de países terceiros no regime europeu não significa uma proibição de operar na União Europeia numa base transfronteiriça. Significa, sim, que as empresas de países terceiros que operam plataformas de *crowdfunding* são obrigadas a obter autorização num Estado-Membro para poderem operar no quadro das atividades reguladas no regime europeu. Assim, os prestadores de serviços de crowdfunding localizados fora da União que pretendam prestar serviços de *crowdfunding* definidos no RJFC na respetiva jurisdição portuguesa, designadamente permitindo a distribuição de instrumentos de financiamento de *startups* portuguesas nos seus ordenamentos de origem, devem estar autorizados ao abrigo do RJFC, cujas disposições continuam a ser aplicáveis à atividade exercida por esses prestadores de serviços ou, em alternativa, operar na base de uma solicitação exclusiva das *startups* portuguesas (*reverse solicitation*).

Uma importante fonte de financiamento alternativo

Com a entrada em vigor do regime europeu de *crowdfunding*, as *startups* portuguesas poderão procurar investidores em todo espaço da União Europeia pela escolha de uma única relação de intermediação operada por uma plataforma de *crowdfunding* autorizada em qualquer Estado Membro. Conjugando o regime europeu e o regime Português, constatamos que estão disponíveis para financiamento de *startups* a utilização, para distribuição pela *crowd*, de todos os meios de financiamento tradicionalmente utilizados na indústria de *venture capital*. A existência de diferentes fontes de financiamento, que sejam complementares entre si, configura-se num importante estímulo ao empreendedorismo, à inovação nos modelos de negócio, e à investigação e desenvolvimento, e a oportunidade apresentada pelo *crowdfunding*, em especial no contexto do passaporte europeu, não pode ser desperdiçada (ou, pelo menos, desconsiderada) pelas *startups* portuguesas.

Segurança da Informação | Software | Licenças Abertas e Fechadas | Cloud Computing | Ativos Digitais | Blockchain

RICARDO HENRIQUES
JOSÉ MARIA ALVES PEREIRA

1. Licenças *Open Source / Proprietary*

1.1. Introdução

O lançamento de uma *startup* implica escolhas. Sejam elas operacionais, organizacionais, ou legais, podendo as várias estar muitas vezes relacionadas entre si.

Uma dessas escolhas prende-se com a opção a tomar quanto ao modelo de desenvolvimento e fornecimento do *software* (ou programa)[1], o qual poderá seguir um de dois modelos: por um lado poder-se-á seguir um modelo baseado na distribuição do *Software* (em particular do código fonte) de forma (normalmente) ilimitada (*Open Source*), ou, ao invés, seguir um modelo que assenta na distribuição limitada e com determinadas restrições (*Proprietary*).

Cada um destes modelos comporta determinados riscos e benefícios, sendo que a adoção no momento da definição da estratégia de desenvolvimento do *Software* irá, inevitavelmente, ter impacto na consequente distribuição do mesmo ao Utilizador final[2].

---

[1] Ao longo deste capítulo as referências a *Software* ou Programa reportam-se ao código objeto, ou seja o produto final do *Software* que é executado numa máquina.

[2] Ao longo deste capítulo as referências a Utilizador Final reportam-se tanto a um consumidor como a um profissional.

Ao longo dos tempos várias organizações têm adotado modelos de *Open Source*, sendo o *Software* Linux um exemplo de sucesso de tal modelo, o qual é hoje em dia utilizado no âmbito do desenvolvimento de plataformas como a Amazon, ou o Facebook.

No decurso deste capítulo iremos analisar os tipos de licença existentes, as implicações da escolha de cada um dos modelos, bem como os principais problemas legais que estes suscitam.

1.2. Licenças de *Software*

Em Portugal o *Software*, e o que este comporta (código objeto e código fonte), são protegidos pelo Decreto-Lei n.º 63/85, de 14 de Março (doravante "**Código do Direito de Autor**"), e pelo Decreto-Lei n.º 252/94, de 20 de Outubro (doravante "**Regime Jurídico dos Programas de Computador**").

De acordo com os regimes indicados no parágrafo anterior, desde que preenchidos os requisitos constantes do Código do Direito de Autor[3], o *Software* estará protegido, estando a sua utilização por parte de um terceiro sujeita a autorização do titular do direito de autor e/ou do titular do seu conteúdo patrimonial.

A autorização aqui referida consubstancia-se numa licença a qual, quando sujeita à lei Portuguesa[4], deverá indicar a *forma autorizada de divulgação, publicação e utilização, bem como as respetivas condições de tempo, lugar e preço.*

Esta licença poderá assumir diversas formas. Conforme anteriormente referido, temos por um lado uma licença que permite ao licenciado[5] utilizar o *Software* de forma livre (ou pelo menos com reduzidas limitações), e sem quaisquer tipos de encargos, e por outro lado um tipo de licença restrita, com diversas condicionantes, sujeita ao pagamento de um preço (o qual pode ser associado a diversos fatores, como por exem-

[3] Conferir o capítulo relativo à proteção de PI.

[4] É comum as licenças *Open Source* estarem sujeitas a outras jurisdições sendo muitas vezes necessária analisar os conceitos associados às mesmas à luz de tal legislação.

[5] Pessoa singular ou coletiva a favor de quem é emitida uma licença de utilização de *Software*.

plo o número de utilizadores, ou o período da subscrição). Falamos neste último caso das licenças *Proprietary*.

Open Source

Ainda que o conceito de *Software Open Source* seja vulgarmente associado a uma utilização livre e sem custos, a verdade é que a sua utilização está dependente das condições da licença que, ainda que regra geral admita a utilização, modificação, e distribuição de forma bastante abrangente, não deixa de ser – para todos os efeitos legais – uma licença, que assume vários níveis de "liberdade", e que poderá exigir da parte do licenciado determinadas ações aquando da utilização do *Software*, e posterior disponibilização do Programa que tenha sido desenvolvido com base no mesmo.

O conceito de *Open Source*, apoiado pela *Free Software Foundation* e *Open Source Iniciative* assenta, grosso modo, nos seguintes princípios:

i. Liberdade para utilizar o código fonte para qualquer finalidade;
ii. Liberdade para analisar o código fonte, verificar como o *Software* funciona, e alterar aquele;
iii. Liberdade para incorporar o código fonte em outro;
iv. Liberdade para distribuir cópias do *Software* cujo código fonte tenha sido incorporado.

Em suma, se *Open Source* tivesse que ser definido numa palavra, seria "Liberdade".

No contexto de uma *Startup* a adoção de um modelo de negócio assente em *Open Source* poderá assumir dois níveis. Num primeiro, a utilização de código fonte *Open Source* no âmbito do desenvolvimento de um Programa; num segundo a distribuição do Programa desenvolvido ao abrigo de uma licença *Open Source*.

Utilização de código fonte *Open Source*

São dois os tipos de licenças *Open Source* que se podem encontrar: *Permissive licences* ou *Copyleft licenses*.

Permissive licence

Como o próprio nome indica, este tipo de licença apresenta um caráter mais permissivo.

Este tipo de licença permite à organização que utilize o código fonte definir, aquando da disponibilização do Programa, estabelecer livremente os termos nos quais a mesma é feita, seja através de uma licença de *Open Source* distinta (por exemplo *copyleft*), ou através de uma licença de cariz estrito, ou seja um licença *Proprietary*. Com isto em mente, verifica-se que o impacto que este tipo de licença terá no modelo de negócio de uma *Startup* será reduzido.

Tendo presente os termos destas licenças constata-se, portanto, que as mesmas não colocam, em princípio, implicações legais de maior, dada a (quase) inexistência de condutas que devem ser adotadas pelo Licenciado no momento em que disponibilize o Programa que foi desenvolvido com base, e/ou composto pelo código fonte *Open Source.*

De entre as várias *permissive licences* destacam-se a MIT (*Massachesetts Institute of Technology*), GNU, BSD (*Berkeley Software Distributuion*), ou Apache.

Copyleft license

A *copyleft licence* assume um cariz (ainda que dentro do "espírito" de *Open Soure*) mais restritivo exigindo ao licenciado que adote determinadas ações no decurso da Utilização do código fonte, bem como no momento em que seja disponibilizado o Programa desenvolvido com base no mesmo. Com efeito, este tipo de licença (em alguns casos) implica que o código fonte, e quaisquer modificações a este, sejam disponibilizadas ao Utilizador Final. Inclusivamente, é importante notar que (em alguns casos) esta disponibilização deverá cumprir com os mesmos termos da licença que regeu a utilização do código fonte *Open Source.*

Estas "restrições" na realidade também têm em vista assegurar a liberdade de utilização, já que as mesmas têm como objetivo assegurar a constante disponibilidade do código fonte. Por outras palavras, ao ser exigido que o código fonte seja consecutivamente colocado à disposição do utilizador é promovida a constante evolução, e melhoramento do código fonte *Open Source.*

Esta licença coloca portanto maiores dificuldades legais já que à *Startup* é exigido que atenda aos critérios específico de cada licença. Neste sentido é importante ter em atenção (potenciais) situações em que poderão surgir problemas de compatibilização de licenciamento (do Programa) caso: (i) a *Startup* recorra a terceiros no âmbito do desenvolvimento, e os termos contratualizados com estes terceiros não sejam compatíveis com os requisitos impostos *copyleft licence*; (ii) seja utilizado código fonte *Open Source* ao abrigo de licenças diferentes, com obrigações distintas. Assim, verifica-se ser essencial levar a cabo uma atenta monitorização e organização das licenças obtidas.

De entre as várias *Copyleft licences* destacam-se a *Eclipse Public Licence*, ou Mozilla.

Proprietary

Por regra o *software* disponibilizado ao abrigo de uma licença *Proprietary* não implica a disponibilização do código fonte do programa, mas somente o programa em si, ou seja, o utilizador apenas tem acesso ao código objeto. Assim, não é possível ao utilizador fazer alterações, ou aceder ao código fonte do *software*.

Em termos legais, estas licenças (que usualmente assumem uma estrutura de Cláusula Contratuais Gerais pré-definidas; ou em casos mais complexos por contratos de licenciamento de *software* extensos) são mais complexas que as licenças *Open Source*, já que têm como objetivo assegurar a titularidade dos direitos do proprietário do *software*, e consequentemente implicam regras restritivas no que toca à sua utilização. Por exemplo, é comum neste tipo de licenças definir-se especificamente o período de utilização (subscrições mensais, ou anuais), número de utilizadores permitidos, limite territorial, limitação de responsabilidade, ou garantias.

Relativamente à remuneração, ao contrário das licenças *Open Source*, aqui é comum que o licenciamento esteja sujeito ao pagamento de uma contrapartida, normalmente associada a um período de subscrição e/ou número de utilizadores.

1.3. Porque adotar um modelo de *Open Source*?

A escolha entre *Open Source* ou *Prioritary* deverá ser sempre analisada caso a caso, tendo em consideração o plano a longo prazo da *Startup*, bem como os prós e contras deste tipo de *software*.

Neste sentido, é importante analisar o tema de dois prismas distintos. O económico, e o de desenvolvimento.

O ponto de vista económico deverá ser analisado em duas fases distintas. Numa primeira deverão ter-se em consideração os custos associados ao desenvolvimento de *software* os quais são reduzidos, ou mesmo eliminados caso se recorra a *software Open Source*. Contudo, é preciso também ter-se em conta que, conforme referido anteriormente, por vezes nestas situações também o programa final estará sujeitos às especificidades da licença que tutelou a utilização do *software Open Source*. Ora, tal situação irá implicar que o modelo de obtenção de receita deva ser devidamente estudado, já que a disponibilização do Programa não poderá, em princípio, estar sujeita ao pagamento de uma contrapartida.

Neste caso é, portanto comum a adoção de modelos de negócio *freemium*, em que a receita é obtida através da disponibilização de módulos específicos que irão correr sob a versão original do *software*; ou adoção de um modelo cuja rentabilidade se baseia na disponibilização de serviços de manutenção do programa disponibilizado. Ou seja, neste último caso o programa seria disponibilizado livremente, sendo a receita obtida através da disponibilização de serviços de manutenção.

Relativamente ao desenvolvimento do programa *per si*, é preciso considerar como principais pontos negativos que:

i. o *software open source* por vezes poderá não apresenta a qualidade desejada;
ii. a utilização de *software* que é regulado por diferentes tipos de licença exige que sejam implementados procedimentos internos para garantir o cumprimento de todos os requisitos associados às mesmas;
iii. caso não sejam cumpridos os requisitos do licenciamento poderão colocar-se problemas relacionados com infrações de direitos de propriedade intelectual;

Por outro lado, em termos de benefícios, assumem especial relevância os seguintes:

i. reduz-se a dependência de fornecedores de *software* externos;

ii. por regra é reduzido o tempo de desenvolvimento;
iii. o facto de o código fonte estar publicamente disponibilizado permite que toda a comunidade informática contribua para o melhoramento do código fonte, combatendo dessa forma o risco de o mesmo ser de fraca qualidade.

Por último, é sempre preciso considerar que a adoção de um modelo de *Open Source* confere menor proteção jurídica à *Start Up*, na medida em que esta, conforme aqui exposto, irá estar a conceder aos utilizadores do *Software* desenvolvido liberdade de utilização, inclusivamente para posterior utilização para fins comerciais. Ao contrário, caso seja prosseguido um caminho de proteção dos direitos associados ao *Software* desenvolvido, a opção por uma *Proprietary Licence* será o aconselhável, já que permite ao titular do *Software* controlar os termos da sua utilização.

1.4. Conclusão

A adoção de um modelo *Open Source* tem vindo cada vez mais a ganhar espaço no mundo das *Start Up*, sendo hoje em dia um dos principais temas discutidos.

Neste sentido, não é descabido que, aquando da definição do modelo de negócio, o tipo de licenciamento do *Software* seja um ponto essencial na definição da estratégia de crescimento de uma *Start Up*.

Da análise aqui realizada verifica-se que a adoção de um modelo de *Open Source* ou *Proprietary* tem obrigatoriamente que ser analisado de um ponto de vista estratégico, o que inclui considerar os riscos legais associados a cada um dos modelos.

2. Cloud computing

2.1. Introdução

A tecnologia de cloud computing (computação em nuvem), na qual dados e aplicações são armazenados online e podem ser acedidos a partir de qualquer localização física, provocou uma mudança de paradigma na abordagem empresarial à infraestrutura de tecnologias de informação (TI) ao longo dos últimos anos.

Agora que as soluções baseadas na cloud estão amplamente disponíveis e a valores cada vez mais acessíveis, cada vez mais as empresas optam por armazenar alguma quantidade dos seus dados com esta tecnologia.

As plataformas baseadas nesta tecnologia fornecem recursos rápidos e flexíveis, que podem ser utilizados em diversas áreas. A cloud é utilizada tanto para startups, pequenas e médias empresas (PMEs), como para grandes organizações, governos e organizações sem fins lucrativos.

Esta utilização massificada levou a mudanças na estratégia de segurança informática, nos padrões de trabalho, na quantidade e estilos de colaboração possível, bem como a novos modelos de negócio.

Ao eliminar a necessidade de construir infraestruturas de servidores complexas e dispendiosas, a cloud permitiu encurtar tempos de execução e reduzir o custo de lançamento de uma startup. As características da cloud ajudaram inclusive algumas empresas (startup e outras) a enfrentar os desafios da pandemia da COVID-19 e os confinamentos associados.

Uma startup tem, normalmente, uma equipa jovem, com uma grande ideia e um plano para a sua implementação, mas também frequentemente pouco dinheiro, recursos e, por vezes, experiência. Todos as vertentes necessárias ao desenvolvimento do projeto, como a logística, marketing, infraestruturas e outros, requerem investimentos que uma empresa em início de vida não tem. Assim, a maior parte das startups precisa de cortar nas despesas até conseguir um investidor ou recursos suficientes.

Outro grande problema das startups é a localização dos membros da equipa. É cada vez mais frequente construir um startup com pessoas de diferentes cidades ou localizações, pelo que se torna necessário um método ou sistema para coordenar o trabalho de cada membro.

Um problema também frequente prende-se com a instabilidade da equipa (a equipa pode expandir-se ou diminuir, pelo que é importante ser capaz de adaptar os recursos disponíveis às necessidades da empresa).

Estes são alguns problemas que podem ser mitigados através de infraestruturas de cloud computing.

2.2. Vantagens do cloud computing para as startups

Existem alguns benefícios principais da utilização da cloud para as startups:

a) Utilização simples, de baixo custo, flexível e facilmente escalável

A adoção da tecnologia Cloud, em princípio, não necessitará de recursos especiais ou grandes investimentos. Normalmente pode apenas pagar-se pela utilização real dos recursos e aumentar o investimento à medida do crescimento da empresa. Assim, pode começar-se com um orçamento pequeno, o que será benéfico e ajustado à realidade de uma startup.

As startups crescem frequentemente de forma irregular, capitalizando oportunidades tais como rondas de investimento ou parcerias estratégicas. A elasticidade da cloud, conhecida pelas expressões "pay-as-you go" e "pay-as-you-grow", permite às startups ajustar o número de recursos de que necessitam a cada momento. Esta elasticidade reduz os custos de arranque e melhora a capacidade de crescimento, tornando a infraestrutura flexível e eficiente e evitando investimentos avultados em hardware.

A utilização da cloud apresenta-se por isso como uma vantagem para o típico ciclo de inovação das startups: prototipagem, teste, iteração e ajuste rápido às necessidades do cliente.

b) Proteção de dados

A maioria dos fornecedores cloud propõe um conjunto de serviços e tecnologias que ajudam a proteger os dados armazenados. A segurança é fornecida pela localização dos dados em servidores fiáveis e pela realização de cópias de segurança regulares, permitindo ter processos de backup de dados e recuperação de desastres integrados.

Os sistemas de backup são essenciais em caso de falha inesperada, tais como catástrofes naturais ou em casos de ataques maliciosos, melhorando a resiliência e asseguram possibilidade de implementar planos de continuidade de negócios sustentados num armazenamento externo dos dados e capacidade de recuperação dos dados.

c) Rapidez e atualização permanente

A tecnologia cloud permite o acesso a novos recursos e inovações tecnológicas, reduzindo o tempo para a sua contratação e tornando os processos mais fáceis, rápidos e flexíveis.

Isto significa que uma startup que recorra à cloud, em principio, terá sempre acesso às mais recentes tecnologias que poderá utilizar para por ao serviço do desenvolvimento de novos produtos e da inovação.

d) Acesso a partir de qualquer lugar

O acesso a partir de qualquer lugar significa que os dados da startup podem ser acedidos a partir de qualquer lugar onde esteja disponível uma ligação à Internet, potenciando assim o trabalho colaborativo, mesmo que os trabalhadores estejam em diferentes localizações.

Para aqueles que trabalham em organizações internacionais, que necessitam de viajar, ou que trabalham a partir de casa, isto significa que podem permanecer em contacto com os diferentes elementos da equipa e manter-se atualizados sobre o estado dos projetos, sem necessitar de estar fisicamente no escritório.

e) Planeamento de custos e manutenção simplificada

Outra vantagem da cloud é uma manutenção simplificada com consequente redução do seu custo. Os principais fornecedores de serviços cloud incluem a manutenção, atualização e suporte, tanto para hardware como para software.

A startup terá assim apenas de contratar os recursos necessários, com custos que serão à partida mais baixos do que a construção e manutenção internamente de uma infraestrutura dedicada com as mesmas características ou capacidade.

A tecnologia cloud permite desta forma reduzir os investimentos de capital na compra e manutenção de servidores e licenças de software. Poderá também tornar desnecessária, pelo menos numa primeira fase, a contratação de uma equipa alargada de peritos para administração da infraestrutura, uma vez que tal poderá ser assegurado pelo fornecedor da solução cloud.

2.3. Perigos / questões a resolver na utilização de cloud computing

No entanto, a maioria das startups poderá cometer erros na adoção da tecnologia cloud. Alguns exemplos desses possíveis erros são os seguintes:

a) Falta de planeamento

Muitas startups esquecem-se de fazer uma efetiva avaliação das suas necessidades de recursos cloud. Falham no envolvimento dos diferentes intervenientes e acabam por tomar decisões erradas, que podem reduzir ou mesmo eliminar os benefícios que a adoção poderia potenciar.

É igualmente importante ter um plano de cancelamento de parte ou da totalidade dos serviços contratados, uma vez que as coisas podem não correr como esperado e poderá ser necessário terminar os contratos.

b) Escolher o prestador de serviços errado

As startups necessitam de descobrir como melhor selecionar a tecnologia que irá sustentar o seu produto ou serviço. O processo normal passa por pedir recomendações aos seus investidores ou amigos, consultar outros fundadores ou utilizar recursos online para obter informações sobre as melhores plataformas a utilizar.

No entanto, toda esta recolha de conhecimentos leva tempo – algo que muitas vezes é escasso quando se está a tentar desenvolver um novo produto ou serviço.

Os prestadores de serviços cloud têm também diferentes modelos de negócio e a maioria das startups não faz investigação suficiente para fazer a melhor escolha, o que poderá ser um problema, especialmente quando o prestador de serviços cloud tem um modelo de pagamento complicado, ou não oferece uma plataforma suficientemente flexível para que possa ser corretamente dimensionada.

É por isso importante escolher um prestador de serviços com base nas necessidades do negócio e da realidade da startup e não apenas na sua popularidade, se necessário testando diferentes prestadores, antes de tomar uma decisão.

c) Falta de segurança

A segurança dos dados é uma das principais preocupações quando as empresas adotam a cloud. Apesar de a maior parte dos serviços cloud terem uma arquitectura de segurança sofisticada, é importante ter uma estratégia sobre como lidar com a segurança.

Uma das maiores preocupações para as empresas que utilizam a cloud prende-se com questões de segurança, em especial com as credenciais de acesso. No entanto, normalmente um bom fornecedor de cloud computing terá muito mais recursos e capacidade para construir capacidades de segurança robustas do que uma startup que está a construir uma infraestrutura dedicada semelhante.

É também importante investigar se o prestador de serviços cloud, juntamente com as medidas de segurança, está em conformidade com os demais requisitos legais, nomeadamente com o tema das transferências internacionais de dados.

d) Não efetuar uma análise de negócio

A deslocação de todos os elementos do negócio de uma só vez para a cloud é suscetível de causar problemas de manutenção ou conduzir a um mau desempenho, pelo que carece de planeamento e de avaliação sobre a sua necessidade e relação custo/benefício.

A construção de uma arquitetura que satisfaça as necessidades da startup nas fases iniciais poderá rapidamente deixar de o ser. Noutros casos, a arquitetura contratada poderá ser demasiado grande ou deixar de ser adequada para a realidade da empresa e incluir serviços de que ainda (ou já não) necessita. Assim, a resposta para este problema está no dimensionar corretamente a arquitetura e atualizá-la constantemente para evitar falhas e problemas de desempenho ou de custos com recursos desnecessários, à medida que a empresa cresce.

e) Estratégia para falhas e ataques cibernéticos

Tal como as infraestruturas informáticas tradicionais, por vezes a cloud falha. É por isso importante implementar uma arquitetura tolerante a falhas e com capacidade de recuperação e continuidade de negócio.

O aumento de ataques cibernéticos demonstraram igualmente as dificuldades que estes podem causar a uma empresa e ao seu negócio em caso de intrusão nos sistemas, pelo que a contratação de um serviço que assegure esta continuidade de negócio é também um fator essencial a ponderar.

2.4. Principais questões comerciais e jurídicas

Existem várias questões importantes a considerar aquando da contratação deste serviço. Algumas são comuns a outros contratos, mas o facto de este serviço poder condicionar toda a capacidade de gestão do negócio e desempenho da atividade, implicam um especial cuidado com a negociação de algumas cláusulas destes contratos.

Algumas das cláusulas fulcrais que deverão ocupar a maior parte do tempo de negociação destes contratos são a responsabilidade por falhas de serviço, os acordos de níveis de serviço ("service level agreements"), os temas de segurança e proteção da informação e o aspeto já referido da capacidade de assegurar uma continuidade de negócio e recuperação de desastres.

Outras questões contratuais muito importantes e difíceis de negociar, como na maioria dos contratos, prendem-se com os temas de responsabilidade e indemnização: por parte dos utilizadores finais e do prestador de serviços.

São também relevantes, mas habitualmente mais facilmente negociáveis, as cláusulas relacionadas com o tema da localização dos dados, da proteção de dados pessoais e da propriedade e autorização de acesso aos dados armazenados.

Existem ainda várias outras cláusulas a ter em conta e que convirá ter também atenção, como renovações automáticas, suspensão ou cessação do serviço, garantias, modificações ao contrato, incorporação de outros documentos, acesso a dados por autoridades, lei aplicável e jurisdição, entre outras.

Os prestadores de serviço cloud geralmente procuram impor limitações ou exclusões de responsabilidade para com os seus clientes, e frequentemente excluem garantias contratuais sobre a disponibilidade e a resiliência da sua infraestrutura. Nestas circunstâncias e tendo em conta a desigualdade na capacidade negocial, a melhor estratégia será procurar lidar com um prestador de serviços que tenha um bom histórico de negócios com outras empresas, uma reputação a proteger e um claro investimento de quem pretende permanecer no mercado.

RGPD | Política de Proteção de Dados

RICARDO HENRIQUES
SIMÃO DE SANTANA

Num passado recente, o tema da proteção de dados não era o centro das preocupações ou uma prioridade para a maioria das empresas. No entanto, não só a economia de dados e a digitalização têm feito com que os temas da proteção de dados assumam cada vez maior importância para os clientes e para a própria forma de organização dos negócios, como as alterações derivadas da legislação recentemente aprovada levaram as empresas a pensar duas vezes antes de negligenciar o tema da proteção de dados na fase de arranque das suas operações, em função das repercussões que daí podem advir para a sua viabilidade futura.

Assim que os dados pessoais são recolhidos, as preocupações com a sua proteção devem ser tanto de novas e pequenas empresas, como de empresas grandes e bem estabelecidas. Na maioria dos casos, a gestão de uma empresa implica tratar dados pessoais de clientes, trabalhadores, prestadores de serviços e fornecedores. Por conseguinte, é improvável que a atividade empresarial consiga escapar às implicações da legislação de proteção de dados.

A maioria das *startups*, tal como a maioria das empresas já estabelecidas, necessitam de tratar dados pessoais para desenvolver a sua atividade e, como tal, necessitam de cumprir com as regras relativas à proteção de dados pessoais em vigor, nomeadamente o Regulamento Geral de Proteção de Dados[1] ("RGPD") e com a lei de execução do RGPD, a Lei 58/2019

[1] REGULAMENTO (UE) 2016/679 DO PARLAMENTO EUROPEU E DO CONSELHO de 27 de abril de 2016 relativo à proteção das pessoas singulares no que diz respeito ao tratamento de dados pessoais e à livre circulação desses dados e que revoga a Diretiva 95/46/CE (Regulamento Geral sobre a Proteção de Dados)

de 8 de Agosto ("a Lei de Execução")[2], para além de outra legislação específica que possa ser aplicável.

Muito embora o RGPD tenha procurado criar um quadro regulamentar que permitisse o livre fluxo de dados entre os estados membros e dentro da União Europeia, num ambiente cada vez mais digital, muitas *startups* e PMEs indicam que o esforço para aplicação do RGPD é desajustado para as suas realidades.

Na verdade, a maior parte das empresas continua a não conseguir ter um nível de conformidade aceitável com esta legislação, apontando-se frequentemente o custo de implementação e a sua complexidade como os maiores obstáculos para tal objetivo.

As *startups,* centradas no crescimento e desenvolvimento do seu negócio, invocam frequentemente escassez de recursos para investir na implementação de medidas de segurança e organizativas para a adequada proteção de dados. No entanto, existem algumas soluções e medidas que podem obviar estes problemas de liquidez e ajudar as *startups* a garantir uma adequada abordagem ao tema.

É certo que a compreensão de alguns dos requisitos específicos do RGPD não é uma tarefa fácil. Existem conceitos complexos (como "privacidade desde a conceção", "privacidade por defeito", "avaliação de impacto"), cuja aplicação prática implica um esforço de interpretação que não será simples para a maioria das *startups,* tendo em conta as suas capacidades, tornando assim o cumprimento do RGPD um verdadeiro desafio.

O Comité Europeu para a Proteção de Dados (CEPD tem emitido algumas orientações que ajudam a interpretar o RGPD e os seus requisitos. São instrumentos úteis, mas podem ser bastante longos e também difíceis de interpretar. As autoridades de supervisão de cada país têm procurado também fornecer informações e orientações mais sucintas e práticas, mas o nível de produção e detalhe das mesmas varia de país para país.

---

[2] Assegura a execução, na ordem jurídica nacional, do Regulamento (UE) 2016/679 do Parlamento e do Conselho, de 27 de abril de 2016, relativo à proteção das pessoas singulares no que diz respeito ao tratamento de dados pessoais e à livre circulação desses dados.

Em todo o caso, se conduzida de acordo com a realidade da estrutura e riscos subjacentes aos tratamentos realizados, qualquer empresa deverá conseguir cumprir com os requisitos do RGPD sem que a sua atividade fique comprometida. Para o efeito, uma *startup* deverá naturalmente ter em conta algumas estratégias e princípios de atuação.

a) Fase da constituição da empresa

Na fase de fundação de uma empresa as ideias são geralmente abundantes e a vontade e força para as implementar também não costumam faltar. Assim, todos os que estejam envolvidos na constituição e desenvolvimento da empresa devem conhecer e ser parte ativa no cumprimento da legislação de proteção de dado e contribuir para tal durante todo o ciclo de vida da empresa.

O descurar dos requisitos legais e regulamentares início do ciclo de vida empresarial pode levar a processos de ajustamento posteriores dispendiosos e difíceis, bem como a multas significativas ou danos irreparáveis na reputação e capacidade operativa da empresa.

b) Planeamento

As *startups* devem tratar os dados em conformidade com a lei desde o início. Os fundadores de *startups* têm frequentemente um conceito errado do que é suficiente para estar em conformidade e muitas vezes descuram este aspeto.

Frequentemente, as *startups* parecem pensar que não estão em perigo devido à sua dimensão. Mas o facto de estar numa fase inicial, não significa que esteja isenta de perigos internos (ex.: erro humano) ou externo (ex.: hackers).

As preocupações com as regras de proteção de dados devem por isso estar incorporadas nos processos e princípios da empresa desde o seu arranque e conceção.

c) Gestão de risco

O abandono do antigo sistema de notificações e autorizações e o princípio da responsabilidade proactiva preconizado no RGPD, implicam que as empresas não podem esperar por uma validação prévia ou por violações de segurança para implementarem as medidas de segurança necessárias ou começarem a cumprir com as obrigações previstas.

As sanções elevadas em caso de violação da lei significam também um risco legal demasiado elevado para qualquer empresa, grande ou pequena, não incluir este tema na sua lista de prioridades.

Torna-se assim necessário olhar para o tratamento de dados pessoais em conformidade com a lei como uma oportunidade, como uma possibilidade de introduzir melhorias e otimizações no modelo negocial que permitam um alinhamento com os requisitos legais, evitando assim contingências indesejadas e gerando confiança.

Como princípio básico para redução do risco, em especial nesta fase, as empresas podem e devem reduzir a quantidade de informação que conservam ao essencial. Uma abordagem minimalista à recolha de dados pode reduzir o risco de violações e perda de dados.

d) Atrair investidores

O RGPD teve um impacto na forma como a maioria das organizações estruturam os seus tratamentos de dados e mudaram a forma como as empresas em fase de arranque recebem o investimento.

Os investidores querem saber se a forma como a *startup* trata os dados pessoais está de acordo com a lei, se terá algum impacto no comportamento dos clientes, considerando o modelo de negócio quer na sua fase de arranque, quer na fase de crescimento, determinando assim a sua viabilidade.

Alguns dos direitos consagrados pelo RGPD, como o direito a ser esquecido e o direito à portabilidade dos dados, por exemplo, deram mais poder aos clientes sobre os seus dados e a forma com as empresas os podem tratar, tornando assim mais difícil a monetização de tais dados.

As *startups* devem por isso olhar para o tema da conformidade com a legislação de proteção de dados como parte da sua estratégia empresarial e como uma forma de gerar confiança com os seus investidores e atrair mais investimento.

e) Aquisição de clientes

Naturalmente a aquisição inicial de clientes desempenha um papel central no planeamento e atividades da maioria das *startups*. A deteção, criação e potenciação de oportunidades de venda é uma das prioridades para permitir o desenvolvimento da empresa. Assim, um dos principais pontos a ter em conta na aquisição de clientes são as regras para contactos de marketing direto, o qual foi recentemente objeto de uma Deliberação da Comissão Nacional de Proteção de Dados[3].

As *startups* devem também tentar identificar as áreas do seu negócio que envolvam o armazenamento ou tratamento dos dados dos seus clientes: cookies do website, newsletters, registo na compra de produtos, registo de eventos, etc.

Os clientes atualmente esperam um tratamento adequado e transparente dos seus dados pessoais. Uma boa política de privacidade pode, portanto, ser utilizada como um argumento de marketing e de criação de confiança.

A forma como uma empresa trata os dados pessoais de clientes é um fator cada vez mais importante na avaliação das empresas e do seu potencial, na medida em que procedimentos inadequados podem colocar em causa a capacidade de utilização dessa base de clientes pelo potencial comprador.

f) Fase de crescimento

Uma empresa em crescimento, para além do foco nos clientes, começa também a focar-se em contratar uma equipa capaz de dar resposta ao aumento de trabalho resultante do seu crescimento.

Nesta fase, as empresas deve focar-se em consolidar os seus processos de recolha de dados associados a trabalhadores e de candidatos a emprego, bem como aperfeiçoar as medidas de segurança e organizativas.

A nomeação de um encarregado de proteção de dados deverá neste momento ser reavaliada ou ponderada, caso ainda não o tenha sido, explorando a possibilidade de nomear um colaborador interno ou recorrer a um especialista externo.

Uma *startup* pode ter que proceder à nomeação de um encarregado da proteção de dados desde o momento da sua constituição se tratar dados sensíveis ou dados relativos a condenações penais e infrações, em larga

[3] https://www.cnpd.pt/umbraco/surface/cnpdDecision/download/121958

escala, ou se realizar tratamentos em larga escala relativos ao controlo regular e sistemático dos titulares dos dados.

Em todo o caso, a nomeação voluntária de um encarregado da proteção de dados é sempre uma boa opção e considerada a abordagem mais segura para este requisito. Em caso de dúvida, deverá proceder-se à nomeação.

Esta será igualmente a fase para rever os processos de desenvolvimento de produtos e serviços, assegurando que os princípios de "*Privacy by Design*" e "*Privacy by Default*" estão adequadamente implementados.

Uma das finalidades do RGPD foi reforçar as garantias dos titulares de dados quanto à proteção dos seus dados pessoais e do seu direito à privacidade.

A implementação de medidas transparentes para os clientes exercerem os seus direitos individuais ajudam definitivamente a criar confiança entre os consumidores. Isto, por sua vez, aumenta a partilha de dados, uma vez que essa confiança potencia a partilha e acesso aos mesmos.

A partilha de dados permitirá que as empresas inovem em serviços mais personalizados. Quanto mais dados forem partilhados com base na confiança e no consentimento, melhores serviços serão criados do ponto de vista do cliente, uma vez que irão responder a uma das principais preocupações: o controlo e a proteção dos dados pessoais.

g) Segurança

O aumento do volume de dados tratados e do risco associado deve também levar a empresa a rever as suas estruturas de armazenamento e conservação de dados, aumentando também o investimento na segurança dos dados e na resiliência dos sistemas e assegurando a capacidade de continuidade de negócio em caso de ataques.

Os ataques de cibersegurança têm crescido exponencialmente e representam uma ameaça real para as empresas. As *startups* não estão isentas deste cenário e podem ser muito afetadas no caso de um ataque cibernético. Redes desprotegidas, *malware*, *ramsomware*, *phishing*, palavras-passe fracas e colaboradores sem formação adequada, entre outros, podem constituir um risco para a segurança dos dados.

As *startups* devem gerir a sua conformidade com a lei também como uma forma de evitarem que os seus dados sejam comprometidos, o que pode afetar a continuidade do negócio.

As pequenas empresas operam geralmente com orçamentos limitados. É por isso que muitas delas não dispõem de fundos para equipas de segurança dedicadas. Os *hackers* podem explorar vulnerabilidades e extrair dados dos utilizadores da rede.

A melhor forma de as empresas protegerem os dados dos utilizadores é protegendo toda a sua infraestrutura. Isto inclui a implementação de medidas básicas de cibersegurança.

Alguns exemplos são a implementação da autenticação de dois fatores, programas de atualização regular de *software* e outras ferramentas de segurança, incluindo software de encriptação e um serviço de rede privada virtual (VPN), entre outros.

Para além de limitar a recolha de dados e proteger a rede, as empresas devem proporcionar formação adequada a todos os seus trabalhadores, mesmo que as suas funções nada tenham a ver com o tema da segurança. Ao sensibilizar os seus trabalhadores, as empresas podem prevenir um grande número de ameaças e ataques de cibersegurança.

h) Trabalhar com parceiros de confiança e proteger a reputação

O RGPD exige que as empresas apenas partilhem os dados pessoais dos seus clientes com parceiros de confiança. Entre as empresas que prestam serviços que implicam ter acesso aos dados pessoais, encontram-se os serviços de armazenamento em nuvem (Cloud).

Estes prestadores de serviços são uma extensão da *startup*. Se houver algum ataque cibernético, os clientes serão afetados e ficarão descontentes, podendo ser necessário notificá-los, dando uma oportunidade para mudarem para um concorrente. Escolher parceiros de confiança que satisfaçam os requisitos da legislação de proteção de dados ajudará a construir uma melhor reputação e dará uma vantagem competitiva a uma *startup*.

Assim, as *startups* devem tomar medidas com vista ao cumprimento das leis de proteção de dados nesta e noutras vertentes, como parte da sua estratégia empresarial e das suas operações diárias, para ganharem uma melhor posição no mercado.

Ao colaborar com grandes empresas, uma boa política de privacidade garantirá não só confiança, mas também de oportunidades de negócio e de escolha de parceiros que levarão ao aumento de receitas.

i) Fase de expansão

As empresas que procuram expandir-se para mercados internacionais depois de atingirem o sucesso a nível nacional, caso já não o tenham feito numa fase inicial (o que é cada vez mais frequente e aconselhável), devem também procurar adequar os seus produtos e serviços às leis dos países para os quais se pretendem expandir.

As empresas têm de passar de uma perspetiva local para uma perspetiva de expansão, com uma visão multi-jurisdicional, implicando por vezes determinados ajustes e adequações a diferentes mercados, implicando uma assistência especializada.

Outro fator essencial a ter em conta nesta fase de expansão é o tema das transferências internacionais de dados, ou das transferências de dados para países fora do Espaço Económico Europeu, em especial quando o país de destino não oferece o mesmo nível de proteção de dados.

Esta é também uma consideração que surge com a necessidade de alojamento de dados e com o fator económico associado ao armazenamento de bases de dados com crescimento constante. A escolha do prestador de serviços de armazenamento de dados poderá ser também nesta fase um tema a (re)avaliar.

Se os erros na fase de arranque podem impedir o desenvolvimento de uma *startup* ou a captação de investimento, os erros numa fase mais avançada podem custar muito caro às empresas, uma vez que as sanções estão associadas ao volume de negócios da empresa.

j) Análise de algumas obrigações específicas

Tendo em consideração o facto de as matérias de privacidade e de proteção de dados serem transversais aos mais diversos ramos de direito, pois cobrem uma pluralidade de matérias, iremos focar-nos nas regras base para a proteção de dados em Portugal, em concreto às regras que emanam do cumprimento normativo – *compliance* – com o RGPD e com a Lei de Execução.

Como veremos de seguida, apesar de o normativo acima indicado ser plenamente aplicável às *startups*, a dimensão destas foi tida em conta pelo legislador e, assim, algumas obrigações, não lhes são aplicáveis. Vejamos então os aspetos fulcrais a ter em conta por uma *startup* em matéria de proteção de dados e de privacidade.

1. Nem todos são titulares de dados

O primeiro critério relevante para a aferição da existência, ou não, de tratamento(s) de dados e da sua abrangência não deverá ser o número de clientes ou de fornecedores, mas antes a sua natureza.

Por outras palavras, o facto de tais sujeitos serem pessoas singulares (titulares de dados) ou pessoas coletivas (empresas) é absolutamente relevante, para determinarmos se existem dados – pessoais – a tratar. Neste sentido, mesmo nas situações em que uma *startup* apenas tenha um cliente pessoa singular ou um trabalhador, ficará automaticamente vinculada a assegurar *compliance* com as normas de proteção de dados.

2. Registo de atividades

Tendo em consideração o facto de as *startups* terem, por regra, um número reduzido de trabalhadores, mormente inferior a 250 trabalhadores, ficam desde logo desobrigadas de manter um registo dos tratamentos das suas atividades que envolvam dados pessoais – só assim não será caso os tratamentos de dados a realizar ponham em risco os direitos dos respetivos titulares, não sejam ocasionais e envolvam categorias especiais de dados (ex.: sexo, origem racial ou étnica, opiniões políticas, ou saúde).

3. Encarregado de Proteção de Dados

A muito falada figura do Encarregado de Proteção de Dados ("EPD") tem como missão garantir o cumprimento das obrigações que a *startup* venha a ter em matéria de proteção de dados. Esta missão não é delegada no EPD para que este a realize *per si*, mas antes para que este faça o planeamento, dê recomendações, instruções e audite os vários elementos/secções da *startup* sobre os critérios, requisitos e formalismos que deverão seguir com vista a assegurar *compliance* com a legislação de proteção de dados.

Apesar de nem todas as *startups* procederem ao tratamento de dados que implique a obrigatoriedade de nomeação de um "EPD", tal poderá ser uma boa aposta para o futuro da empresa, pois com o esperado crescimento empresarial, os tratamentos de dados vão tornar-se mais frequentes e mais complexos.

Assim, um EPD que acompanhe a empresa desde do seu início poderá facilitar o trabalho futuramente a realizar e evitar a eventual aplicação de coimas. A este respeito referir que o EPD pode ser um elemento externo à empresa e em *part-time*, um prestador de serviços externo à organização da empresa. Em alternativa, uma *startup* poderá nomear um Responsável pelo Tratamento de Dados que atuará como um *"Diretor de Privacidade e da Proteção de Dados"*, sem que os formalismos de comunicação da nomeação à Comissão Nacional de Proteção de Dados ("CNPD") se tenham de realizar.

É ainda de notar que existem ainda situações em que a nomeação do EPD é obrigatória, como seja o caso em que a *startup* trate dados sensíveis de forma regular.

4. Mapeamento dos dados

O mapeamento dos dados consiste na tarefa de identificar, catalogar e organizar cada tratamento de dados realizado pela *startup*, no fundo e à semelhança de um inventário de existências, a *startup* deverá saber que dados recolhe, para que finalidades, com que fundamentos, por quanto o tempo o faz, a quem os transmite, etc.. sem este primeiro passo – o mapeamento – não será possível avaliar a legalidade de tais operações, pois, muito simplesmente a *startup*, desconhece que dados trata.

O mapeamento dos dados poderá funcionar como um "trampolim" que levará a *startup* a atingir *compliance* com o RGPD, pois através do mesmo a *startup* será capaz de identificar os tipos de dados que trata, como são partilhados interna e externamente, quem tem acesso a estes dados, etc.

Neste sentido, uma vez feito o mapeamento dos dados, surgirão novas questões, pois, por regra, deste exercício vão ser identificados os elementos em falta, sendo que estes podem ser da mais variada ordem.

5. Os fundamentos para o tratamento dos dados

Identificar o fundamento aplicável a cada tratamento de dados pessoais deverá constituir um dos primeiros passos na delimitação do mesmo. Neste sentido chamamos à atenção para o facto de o RGPD prever seis fundamentos/bases legais distintas: consentimento do titular dos dados, execução contratual, interesse legítimo do responsável pelo tratamento ou de terceiro, defesa de interesses vitais do titular dos dados, cumprimento de obrigação legal e o interesse público. Assim, é necessário proceder a uma análise caso-a-caso para determinar qual o fundamento aplicável, ou seja, a razão que "justifica" o tratamento de dados a realizar.

De notar que a falta de fundamento para a recolha e tratamento dos dados – é, ainda hoje, uma situação de incumprimento muito comum, mas sujeito a penalizações.

5.1 O Consentimento

Apesar de o consentimento do titular dos dados ser o mais *balado* de todos os fundamentos legais para o tratamento de dados, de notar que este é apenas um dos vários fundamentos que pode legitimar a recolha e tratamento de dados e, como tal, nem sempre será aplicável a todos os tratamentos da *startup*.

Neste sentido, diga-se que o *Consentimento* poderá ser um dos principais fundamentos aplicável aos tratamentos de dados de potenciais cliente e clientes propriamente ditos da *startup* mas, reitera-se outros fundamentos como a execução contratual ou o interesse legítimo da *startup* também podem ser aplicáveis, dai a necessidade de proceder a uma análise casuística de cada tratamento.

Ainda em relação ao *Consentimento* de notar que é frequente as empresas detetarem ter bases de dados pessoais dos seus clientes/potenciais clientes sem saberem se, e como, obtiveram o consentimento dos respetivos titulares. Nestas situações deverá a *startup* regularizar a situação pedindo a validação do consentimento aos seus clientes ou adotar uma medida mais drástica, procedendo ao apagamento dos dados.

6. As finalidades para o tratamento de dados

A recolha e tratamento de dados também tem sempre associada uma ou várias finalidades/propósitos – no fundo trata-se do(s) motivo(s) que levou a que tal recolha de dados fosse efetuada.

A falta de identificação da finalidade para o tratamento dos dados pode também acontecer no seio de uma *startup*. Esta situação de *non-compliance* com o RGPD deriva de situações em que a recolha dados e a criação das correspondentes bases de dados são utilizadas para uma pluralidade de fins que inicialmente não foram previstos.

Ora, esta é uma clara violação do RGPD que poderá acontecer em qualquer departamento da *startup*, nomeadamente no departamento de marketing, levando à incapacidade de tais departamentos identificarem as finalidades exatas para as quais os clientes, ou potenciais clientes, da *startup* consentiram na recolha e tratamento dos seus dados para tais finalidades.

Assim, é essencial que cada finalidade seja identificada e comunicada ao titular dos dados aquando da sua recolha. Seguidamente, mais deverá o já referido *mapeamento* identificar tais finalidades, uma a uma, garantindo-se desta forma o cumprimento dos requisitos impostos pelo RGPD.

7. Prazos de conservação

Uma vez recolhidos os dados, tratados e "arrumados", existe a tendência para pensar que os mesmos poderão ficar na posse da *startup ad eternum*. Também sucede, por mera incúria, que os dados permaneçam arquivados e esquecidos em algum ficheiro ou base de dados não utilizada.

Ora, a referida prática é contrária aos mais básicos princípios que regem a proteção de dados, pois os dados apenas devem ser conservados: (i) enquanto forem necessários para a finalidade para a qual foram recolhidos ou, (ii) quando a lei substantiva estabeleça um prazo de conservação específico para tal caso/tratamento, findo tal período de tempo os dados deverão ser apagados.

8. Os direitos dos titulares dos dados

Não só é necessário que o mapeamento identifique a(s) finalidade(s), o fundamento, os prazos de conservação dos dados, quem tem acesso aos mesmos, etc.., mais é essencial que os titulares dos dados tenham em algum momento, por regra antes da recolha dos dados, sido informados de tais elementos.

Ora, falamos do direito de informação sobre a recolha de dados, o qual tem como contraponto o dever que incide sobre a *startup* de disponibilizar a informação sobre "o faz com os dados" dos seus clientes, fornecedores e trabalhadores.

Mas, mais terá a *startup* de assegurar, em concreto e na qualidade de responsável pelo tratamento de dados, o respeito pelos direitos de acesso, consulta, retificação, oposição e, em certas circunstâncias, de apagamento, que os titulares detêm sobre os seus dados pessoais – pois nunca podemos perder de vista que apesar de dados poderem temporalmente estar nas mãos da *startup*, os "proprietários" dos mesmos nunca deixam de ser os seus respetivos titulares.

Neste sentido, sempre que se realiza uma recolha de dados, o titular mais deverá ser informado da forma como poderá exercer tais direitos, nomeadamente como poderá contactar a *startup* para este efeito.

9. Uso de subcontratantes

Empresas em início de atividade, como são as *startups,* recorrem, por regra, a um elevado número de prestadores de serviços, através dos quais asseguram um conjunto de tarefas, cumprimento de obrigações, etc..

pois as próprias *startups* não tem forma de assegurar tais tarefas e/ou não se tratando do seu *core business* não estão interessadas em alocar recursos internos às mesmas.

Da execução de tais contratos de prestação de serviços, resulta na maioria dos casos a necessidade de tais prestadores tratarem dados pessoais da *startup*, sejam dados referentes aos trabalhadores daquela, aos seus clientes ou fornecedores.

Ora, como supra referimos a *startup* é a Responsável pelo Tratamento de tais dados pessoais, pelo que mesmo nas situações de subcontratação das mais variadas tarefas não deixa de ser responsável pelo tratamento de dados que tais prestadores realizem em seu nome – ao abrigo da execução do contrato de prestação de serviços celebrado.

Daqui resulta que na contratação de prestadores de serviços as *startups* têm de saber escolher os prestadores que lhes deem maiores garantias de cumprimento com o RGPD, estando para o efeito obrigadas a celebrar acordos de subcontratação de dados que assegurem que o prestador de serviços garante, entre outros aspetos, a confidencialidade e a segurança dos dados a tratar.

10. Medidas de segurança

Tendo em conta a atual hegemonia dos tratamentos de dados nas empresas em geral, e em particular nas *startups* – pois estas, por regra, apostam e mais recorrem a muita tecnologia – a proteção dos dados pessoais dos seus clientes, fornecedores e trabalhadores da *startup* não só é um dever legal que lhes incumbe cumprir, como mais se tornou num ponto fulcral de sobrevivência.

Assim, fazemos notar que as *startups* devem desde logo instituir medidas de segurança logística e tecnológica por forma a protegerem as suas bases de dados, quer de ataques informáticos, externos quer internos, como de intrusos que possam aceder às suas instalações e furtar documentação confidencial que contenha dados pessoais, pois não nos devemos esquecer que a proteção de dados não só abrange os ficheiros informáticos como também abrange os dossiers físicos.

Neste sentido é de notar que para além dos danos diretos que tal invasão de privacidade possa causar à *startup* pela corrupção de ficheiros essenciais à sua atividade, mais existe um elevado risco reputacional de a *startup* não se considerada uma empresa segura, o que em início de atividade poderá ter repercussões muito nefastas.

Face ao exposto é essencial proteger os dados dos clientes, fornecedores e trabalhadores encriptando-os, restringindo a partilha, minimizando a quantidade de dados na posse de cada elemento da empresa.

11. *Privacy by design and by default*

No âmbito das medidas técnicas e organizacionais que em matéria de proteção de dados a *startup* terá de respeitar, encontramos os conceitos de *privacy by design and by default*[4] – proteção de dados desde a conceção e por defeito. Daqui resulta que a *startup* tem de integrar os princípios da proteção de dados nos tratamentos que realiza e na sua atividade comercial, desde da fase da sua conceção até ao final de cada ciclo de vida de um produto/serviço.

A proteção de dados por conceção consiste em considerar previamente as questões de proteção de dados e de privacidade em toda a atividade da *startup*. Este conceito não é novo, mas com a entrada em vigor do RGPD passou a ser um requisito legal a observar.

12. *Website* (T&C e Política de Privacidade)

Sendo o *website* o primeiro contacto que muitos titulares de dados irão ter com a *startup*, para além das questões de marketing e de design gráfico que transmitem a imagem da *startup* para o exterior, mais é necessário transmitir uma imagem de segurança no acesso e utilização às várias funcionalidades do website. Neste sentido, adicionar um protocolo HTTPS ao website, para que todos os dados do utilizador sejam encriptados,

[4] *Artigo 25.º do RGPD* ***Proteção de dados desde a conceção e por defeito.***

constituirá uma boa prática ou, seguindo as recomendações do RGPD, se possível usar anonimização ou pseudonimização.

Por outro lado, do website devem constar os Termos e Condições de Utilização, explicando as regras de comercio eletrónico aplicáveis às informações e/ou vendas de produtos e serviços disponíveis online e ainda uma Política de Privacidade dando a conhecer aos utilizadores como, entre outros aspetos, são os dados recolhidos, com que fundamentos, com que finalidades, por quanto tempo e como os titulares podem aceder, retificar, etc..

Se a *startup* através do seu *website* recolher dados através de um formulário de subscrição, o mesmo deverá ter associado um mecanismo de duplo *opt-in*. O duplo *opt-in* implica que, após o utilizador fornecer a sua direção de email, terá de receber um email da *startup* com um link de confirmação no qual o utilizador deve então "clicar" para finalizar a sua subscrição.

13. *Cookies*

De um ponto de vista funcional, os website necessitam de *cookies*[5] para poderem funcionar adequadamente e, entre outras funcionalidades, para recolherem dados de utilização que possibilitem criar dados estatísticos sobre o algumas características/dados pessoas de quem utilizou o *webiste*, durante quanto tempo, que produtos visitou, etc..

Ora, nem todas as cookies são essenciais ao funcionamento do website, pelo que o utilizar deverá ter a opção de facilmente escolher as cookies que deseja desativar. Neste sentido, a lei das cookies obriga a que seja criado um *banner/pop-up* a efeitos de escolha e aceitação das cookies por

[5] In https://pt.wikipedia.org/wiki/Cookie_(inform%C3%A1tica): *no âmbito do protocolo de comunicação HTTP usado na Internet, é um pequeno arquivo de computador*[1] *ou pacote de dados enviados por um site de Internet para o navegador do usuário, quando o utilizador visita o site. Cada vez que o usuário visita o site novamente, o navegador envia o cookie de volta para o servidor para notificar atividades prévias do usuário. Os cookies foram concebidos para serem um mecanismo confiável para que sítios se lembrem de informações da atividade do usuário,*[1] *como senhas gravadas, itens adicionados no carrinho de compras em uma loja online, hiperligações que foram clicadas anteriormente, entre outros. Assim, melhoram a navegação, aumentando a eficiência da busca.*

parte dos utilizadores. De notar que o incumprimento com esta obrigação legal poderá acarretar elevadíssimas coimas.

14. Política de privacidade de trabalhadores

Para além da política de privacidade que o website da *startup* deverá ter – a qual se destina aos utilizadores do mesmo, mais deverá a *startup* dispor de uma política de proteção de dados pessoais para os seus Trabalhadores.

No fundo, referimo-nos a um regulamento interno no qual a *startup* não só informa os seus trabalhadores dos dados que trata, como, quando, com que fundamentos, etc.. mas mais estabelece as regras da proteção de dados que os seus trabalhadores terão de observar enquanto estiverem ao serviço da mesma.

Deste tipo de politica constam, por regra, as normas relativas à utilização do email, da Internet no local de trabalho, da confidencialidade dos dados e dos assuntos internos da *startup* e dos seus clientes, entre muitos outros.

15. Violações de dados

Como temos vindo a assistir, apesar do investimento que as *startups* possam fazer na adoção de medidas de segurança nas suas tecnologias de informação, nem sempre os ciberataques são evitáveis. Caso tal eventualidade venha a ocorrer, a mesma poderá sofrer uma violação de dados pessoais, pelo que é necessário cumprir as disposições do RGPD e estabelecer diretrizes internas para a comunicação das mesmas.

Em concreto, devem ser criados mecanismos de "alarme" com vista a se proceder à notificação da CNPD no prazo de 72 horas após tomar conhecimento da violação. A *startup* mais tem de estar preparada para, se necessário, notificar os seus clientes (ou utilizadores do seu *website*) pois os dados destes poderão ter sido comprometidos.

Fintechs | Cryptocurrency | Ativos Virtuais | Blockchain | Empreendendo em mercados regulados | Token generated events | ICOs | IDOs

DIOGO PEREIRA DUARTE
ISABEL PINHEIRO TORRES

Ativos virtuais e web 3

Em 2013 o Banco de Portugal afirmava, na sequência daquilo que também havia sido afirmado pelos reguladores europeus, que a relação da Bitcoin com a economia real era ainda limitada[1]. Hoje será difícil manter a mesma afirmação já que, a par da Bitcoin, todos os dias surgem novos ativos virtuais[2] e com estes novos modelos de negócio, numa evolução rápida e crescente que não irá abrandar. Discute-se se estas novas mudanças que poderão levar a um mundo paralelo e virtual, com implicações diretas no nosso quotidiano e na referida economia real, o Metaverso. Para já é incontornável falar de uma nova *internet*, a web 3, onde para além de ler e escrever é agora também possível ser proprietário de diversos cripto-ativos que formam a IoM, ou *Internet of Money*.

Neste contexto é fundamental mencionar o papel das as *fintechs*, as *startups* prestadoras de serviços financeiros com recurso à tecnologia, e da importância dos meios de financiamento das *fintechs*, dado o papel pioneiro que estas representam nestes tempos de mudanças. Portugal

---

[1] Conforme https://www.bportugal.pt/comunicado/esclarecimento-do-banco-de-portugal-sobre-bitcoin

[2] Para efeito deste texto, vamos referir-nos indistintamente a cripto-ativos, ativos virtuais e *tokens* para referir ativos criados e que podem ser transferidos com recurso a tecnologia de registo distribuído ou qualquer tecnologia similar, e que não qualificam como instrumentos financeiros, para efeitos da Diretiva 2014/65/CE (Mifid II); e-money, para efeito da Diretiva 2009/110/CE; depósitos ou depósitos estruturados, para efeito da Diretiva 2014/49/CE.

tem sido um mercado atrativo para o setor – só em Portugal existem 7 unicórnios, 4 dos quais de 2021, em plena pandemia. De entre as maiores *fintechs* portuguesas, quase 30% são da área dos pagamentos, que já angariaram, nas suas rondas de financiamento, cerca de 437 milhões de Euros em 2021[3].

Nas *fintech*, têm-se destacado recentemente os prestadores de serviços com recurso a cripto-ativos, com o aparecimento diário de novos intermediários e novos produtos. O ciclo de financiamento das *startups* "cripto" apresenta especialidades, dada a utilização da distribuição de *tokens* pelo público para obtenção de meios de financiamento, o que é muito específico dos projetos "cripto".

A União Europeia está atenta às potencialidades oferecidas pelas *fintechs* para o setor financeiro e, complementarmente, à importância do seu financiamento. Em 2018 lançou um plano de ação *fintech*, como parte do esforço da União Europeia em constituir um Mercado de Capitais e um Mercado Digital Único, com vista a potenciar o desenvolvimento tecnológico europeu ("pacote financiamento digital"), esbatendo as barreiras transfronteiriças que apresentam um entrave à sua atividade e ao seu financiamento.

Após um longo processo legislativo que se iniciou em 2018, com a apresentação de uma proposta pela Comissão Europeia, a 10 de Novembro de 2021 entrou em vigor o Regulamento (EU) 2020/1503 do Parlamento Europeu e do Conselho de 7 de Outubro relativo aos prestadores europeus de serviços de financiamento colaborativo às entidades, que veio prever um quadro único aplicável à prestação destes serviços e o acesso ao mercado único europeu pelos mesmos (ECSPR). Quanto a este instrumento, remetemos para o nosso texto, também nesta obra, sobre o regulamento europeu de *crowdfunding*.

Ainda neste contexto foi publicada também, em Setembro de 2020, a proposta de regulamento do Parlamento Europeu e do Conselho relativo aos mercados de cripto ativos (Regulamento MiCA), com um capítulo dedicado especificamente às ICOs e, portanto, ao financiamento com recurso à distribuição de *tokens*. Também a intermediação em processos

[3] De acordo com o Portugal Fintech Report 2021.

de financiamento será objeto de regulação, no quadro da autorização de prestadores de serviços sobre ativos virtuais. Finalmente, merecem referência, pela sua importância para a segurança jurídica que deve estar presente nos processo de financiamento, as propostas feitas pela Comissão dos Assuntos Económicos e Monetários do Parlamento Europeu, em 17 de março deste ano, com impacto relevante na classificação dos cripto-ativos (com relevo subsequente na determinação da legislação aplicável).

A expectativa é a de que estes novos regulamentos, diretamente aplicáveis nos Estados-Membros sem necessidade de transposição, harmonizem o enquadramento aplicável ao financiamento com venda de tokens, diminuindo a arbitragem regulatória, e potenciando a competição das entidades europeias e a possibilidade de as mesmas prestarem os seus serviços de forma transfronteiriça sem incorrer nos custos de conhecimento e adaptação a cada jurisdição escolhida. Do mesmo modo, com a harmonização esperada, os projetos "cripto" passarão a poder ambicionar a financiamento à escala europeia sem incorrer em risco regulatório.

Até lá a matéria é regulada pelo direito nacional de cada país com o ónus que isso resulta para estes prestadores de serviços.

Ativos virtuais em financiamento alternativo

O *crowdfunding* e, mais recentemente, a captação de financiamento com recurso à venda de *tokens* através de ICOs, *initial coin offerings* ou IDOs, *inital dex offerings*, surgem no contexto da desintermediação possibilitada pela tecnologia e de independência face à regulamentação, aos reguladores e instituições financeiras tradicionais, permitindo um acesso rápido, barato e desburocratizado a financiamento por parte das empresas. Por outro lado, suprem a dificuldade que empresas recentes sem uma sustentabilidade comprovada têm em aceder ao financiamento tradicional, em especial após a crise de 2008 e de uma postura mais conservadora dos bancos. Promovem, ademais, o financiamento em fases iniciais do investimento que não captam o interesse dos financiadores tradicionais, mesmo quando nos referimos a *business angels* e *venture capital*.

Nos *token generated events*, as empresas financiam-se através da venda, *online*, pelo público em troca de moeda com curso legal (*fiat*) ou moedas virtuais de forte aceitação, de determinados *tokens* por elas emitidos. A distribuição ocorre no site da empresa emitente, juntamente com a publicação de um *whitepaper*, onde pode ser encontrado o modelo de negócio que será desenvolvido pela sociedade emitente e que contém a descrição dos direitos que, relativamente plataforma e seu emitente, o *token* habilita o seu portador. O *token* é livremente programável pelo emitente e pode habilitar o portador às mais diversas vantagens – direito de voto relativamente ao projeto subjacente, direito a adquirir um PFP NFT em determinado jogo, direito de uso de determinada plataforma, entre outros.

Recentemente tem-se notabilizado os modelos de distribuição de *tokens* P2P que implicam a utilização de plataformas intermediárias para o efeito, os assim chamados *launch pads*, que têm por missão a filtragem e divulgação dos projetos, divulgação das suas condições jurídicas e a recolha de intenções de participação no evento, ou *whitelisting*.

Na base parece estar o modelo do financiamento colaborativo tradicional (financiamento pela *crowd*, com recurso à *internet*), mas desta feita utilizando ativos virtuais e a descentralização possibilitada pela tecnologia. Um dos maiores desafios que se coloca é o de saber como deverão ser enquadrados estes modelos ao abrigo da legislação europeia e da Portuguesa, à luz de instrumentos normativos que não foram concebidos, na origem, para cobrir o financiamento com recurso a ativos virtuais.

Esboço de um possível enquadramento

Crowdfunding

Os ativos virtuais não se encontram regulados em Portugal, salvo (i) para efeitos de branqueamento de capitais; (ii) caso se qualifiquem como valores mobiliários ou outro instrumento financeiro e sejam prestados serviços de intermediação financeira sobre os mesmos, caso em que a atividade fica coberta pelo Código dos Valores Mobiliários ou (iii) caso o ativo virtual se qualifique como moeda eletrónica e os serviços prestados compreendam a emissão de moeda eletrónica e/ou a prestação de serviços de pagamento sobre os mesmos, caso em que a atividade fica sujeita ao Decreto-Lei 91/2018 que regulamenta os serviços de pagamento e emissão de moeda eletrónica em Portugal. O mesmo se diga, caso os ativos virtuais qualificarem como depósitos, pois estarão ao abrigo do princípio de exclusividade das Instituições de Crédito, previsto no Regime Geral das Instituições de Crédito e Sociedades Financeiras.

Já o financiamento colaborativo encontra-se regulado, desde 2015, na Lei 102/2015, que distingue o *crowdfunding* nas modalidades de capital, empréstimo, donativo e recompensa. Em 10 de Novembro de 2021, entrou em vigor um novo regulamento europeu, ECSPR, que veio regular o *crowdfunding* nas modalidades de capital e empréstimo.

Não é clara aplicabilidade do regime do *crowdfunding* às vendas de cripto-ativos, no mercado primário, pela utilização *launch pads*, pois estas parecem configurar plataformas especializadas que operam como intermediárias entre os vendedores e os compradores desses cripto-ativos, num modelo de negócio em tudo semelhante ao do *crowdfunding* regulado.

A nível europeu, a questão parece mais clara. Apesar da intenção da Comissão dos Assuntos Económicos e Monetários de incluir no escopo do Regulamento europeu as ICO de *tokens* que qualificassem como valores mobiliários, as ofertas de *tokens*, em sentido amplo, foram explicitamente excluídas do escopo do Regulamento. O Considerando 15 estabelece, a este propósito: "*Embora as ofertas iniciais de moeda virtual tenham potencial para financiar as PME e as empresas inovadoras em início de atividade e em fase de expansão, e possam acelerar a transferência de tecnologias, as suas características divergem consideravelmente das dos serviços de financiamento colaborativo regidos pelo presente regulamento*".

Em Portugal, nos termos do artigo 1/ 1/ g) do Código dos Valores Mobiliários, a definição de *valores mobiliários* inclui, *inter alia*, documentos representativos de situações jurídicas homogéneas e suscetíveis de transmissão em mercado, o que é potencialmente aplicável aos cripto-ativos. A orientação da Comissão do Mercado de Valores Mobiliários (CMVM) é a de que a qualificação dos cripto-ativos como valores mobiliários depende de uma análise casuística e que, em particular um cripto-ativo poderá ser qualificado como um valor mobiliário se os seguintes requisitos se verificarem cumulativamente (i) se for um documento que representa uma ou mais pretensões e natureza patrimonial; e (ii) se for comparável, do ponto de vista do seu funcionamento, com os demais valores mobiliários.

Para efeito a comparabilidade referida anteriormente, será necessário incluir elementos que possam de alguma forma vincular o emitente a uma conduta que resulte numa expetativa de retorno financeiro para o investidor, incluindo: (i) o direito a um rendimento (por exemplo, se o cripto-ativo confere direito a dividendo ou a juros); ou (ii) a prática de atos pelo emitente ou uma entidade relacionada que sejam adequados a aumentar o valor do cripto-ativo.

Com base no referido anteriormente, parece-nos que o regime do *crowdfunding* será aplicável sempre que ocorrer o financiamento de projetos pela emissão e aquisição de *tokens* com uma idêntica estrutura e funcionamento a ações ou instrumentos de dívida emitidos por sociedades, na medida em que as ICOs, IDOs ou qualquer outra forma de venda de tokens ocorra no mercado primário e suportada pela intermediação de uma plataforma disponível na internet. Tal sucede, na medida em que essa atividade será subsumível à atividade das plataformas, na intermediação do *crowdfunding* de capital ou por empréstimo, ao abrigo do artigo 3.º/ c) e d) do *RJFC*.

Moeda eletrónica

Em Portugal os serviços de pagamento e a emissão de moeda eletrónica são regulados ao abrigo do mesmo regime, aprovado pelo Decreto-Lei n.º 91/2018, de 12 de Novembro (RJSPME).

O financiamento colaborativo por empréstimo compreende os acordos pelos quais um investidor coloca à disposição do promotor do projeto uma quantia em dinheiro acordada durante um prazo acordado. Embora o termo não se encontre definido na lei diríamos que os ativos virtuais não são dinheiro no sentido tradicional, no sentido em que não são moedas nem notas, podendo sem prejuízo equacionar-se a sua qualificação como moeda eletrónica.

No Decreto-Lei 91/2018, a moeda eletrónica vem definida como "*o valor monetário armazenado eletronicamente, inclusive de forma magnética, representado por um crédito sobre o emitente e emitido após receção de notas de banco, moedas e moeda escritural, para efetuar operações de pagamento* [...] *e que seja aceite por pessoa singular ou coletiva diferente do emitente de moeda eletrónica*". Os *tokens*, em particular os *e-money tokens* representam um valor monetário armazenado eletronicamente.

No entanto, a posição conhecida do Banco de Portugal é a de que os criptoativos poderão qualificar-se como um valor monetário armazenado eletronicamente e poderão ser aceites por outras entidades que não o emitente, sem prejuízo não constituem um crédito contra o emitente emitido após receção de fundos, uma vez que podem ser minerados por qualquer utilizador, nem podem ser reembolsáveis a pedido do titular pelo seu valor nominal, questão que não se verifica em geral com criptoativos[4].

A presente posição segue a posição da EBA na matéria, sem prejuízo, conforme denota o regulador europeu, a possibilidade de um cripto-ativo se qualificar como moeda eletrónica não pode ser excluída em particular quando este pode ser armazenado eletronicamente, tem valor monetário, representa um crédito contra o emitente, é emitido contra a receção de fundos, como o propósito de funcionar como pagamento de transações e é aceite por outras pessoas que não o emitente[5].

Assim, a nosso ver as regras do crowdfunding por empréstimo não se aplicarão aos ativos virtuais salvo se os ativos virtuais se qualificarem como moeda eletrónica caso em que poderão integrar o conceito de "dinheiro" ou "money" na versão inglesa do regulamento.

A emissão de moeda eletrónica e a prestação de serviços sobre moeda eletrónica – dada a qualificação como "fundos" nesse caso e impacto dessa qualificação na generalidade dos serviços de pagamento que assentam na transferência de fundos – despoletam, em princípio, a legislação podendo ser prestados apenas por instituições de crédito, instituições de moeda eletrónica e instituições de pagamento.

O recurso a ativos virtuais para financiamento com base em ativos que se qualifiquem como moeda eletrónica poderá ainda nvolver a emissão de

---

[4] Assim, Occasional Paper on Crypto-assets" (2019) do Banco de Portugal, disponível em https://www.bportugal.pt/paper/occasional-paper-crypto-assets

[5] Assim, o relatório da EBA sobre criptoativos (2019) disponível em https://www.eba.europa.eu/sites/default/documents/files/documents/10180/2545547/67493daa-85a8-4429-aa91-e9a5ed880684/EBA%20Report%20on%20crypto%20assets.pdf.

moeda eletrónica ou a prestação de serviços de pagamento sobre moeda eletrónica, o que sujeitará os mesmos ao regime do RJSPME.

AML: o registo VASP

Os ativos virtuais foram definidos na lei portuguesa com a implementação da AMLV[6] através da Lei 58/2020 que alterou o regime português de prevenção do branqueamento de capitais e financiamento do terrorismo ("Lei AML")[7].

De acordo com a Lei AML as atividades com ativos virtuais exercidas em nome ou por conta de um cliente passam a estar sujeitas a um registo prévio junto do Banco de Portugal (registo "virtual assets services provider" ou VASP). Para o efeito as atividades compreendidas pela nova obrigação compreendem:

(i) Serviços de troca entre ativos virtuais e moedas fiduciárias;
(ii) Serviços de troca entre um ou mais ativos virtuais;
(iii) Serviços de transferência de ativos virtuais entre carteiras;
(iv) Serviços de guarda e administração de ativos virtuais.

Por sua vez, será considerado como ativo virtual o ativo que (i) consista numa representação digital de valor (ii) que não esteja necessariamente ligada a uma moeda legalmente estabelecida e não possua o estatuto jurídico de moeda fiduciária, nem – conforme definição atualizada no final de 2021[8] – valor mobiliário ou outro instrumento financeiro, mas (iii) que é aceite por pessoas singulares ou coletivas como meio de troca ou de investimento (iv) e que pode ser transferida, armazenada e comercializada por via eletrónica.

O conceito foi definido de forma ampla, de acordo com as orientações da *Financial Action Task Force* (FATF), independentemente da tecnologia

---

[6] Diretiva (EU) 2018/843 do Parlamento Europeu e do Conselho de 30 de Maio, que altera a Diretiva (EU) 2015/849 relativa à prevenção da utilização do sistema financeiro para efeitos de branqueamento de capitais ou de financiamento do terrorismo.

[7] Lei 83/2017, de 18 de Agosto.

[8] Conforme Lei 99-A/2021, de 31 de Dezembro.

usada[9], sendo a tónica da preocupação do regulador europeu o anonimato inerente às transações sobre ativos virtuais, permitindo a utilização abusiva para fins ilícitos, em particular branqueamento de capitais e financiamento do terrorismo, transferindo dinheiro para o sistema financeiro da EU.

Se as atividades envolvidas no financiamento através de cripto-ativos incluírem uma das atividades sobre ativos virtuais acima descritas, o registo VASP poderá ser necessário. A emissão e venda de *tokens*, por si só, não configura um atividade sobre ativos virtuais.

O pedido de registo é efetuado perante o Banco de Portugal, abrangendo informação sobre a sociedade, programa de atividade, sócios, membros do órgão de administração e fiscalização e beneficiário efetivo.

Intermediação financeira

O regulador português, transpondo a Diretiva 2020/1504 relativa aos prestadores de serviços de financiamento colaborativo, alterou o Código dos Valores Mobiliários clarificando que atividades de financiamento colaborativo não são considerados como intermediação financeira[10], pelo que a receção e transmissão de ordens sobre *tokens* que qualifiquem como valores mobiliários, ou a colocação sem tomada firme dos mesmos, apenas suscitará a aplicação do regime do crowdfunding, conforme referido *supra*, mas não as regras aplicáveis às empresas de investimento.

NFT

Uma nota adicional para os NFTs pela importância crescente que têm tido. Estes são ativos virtuais que têm a particularidade de serem não fungíveis e a sua utilização e oferta em Portugal tem vindo a crescer, sendo muito usados nos setores de jogos, arte e artigos colecionáveis em geral. Os *NFTs* levantam questões jurídicas complexas, entre as quais de

---

[9] Assim Orientações da Financial Action Task Force (FATF) sobre VASP, disponíveis em https://www.fatf-gafi.org/media/fatf/documents/recommendations/Updated-Guidance-VA-VASP.pdf.

[10] Artigo 289(3)(l) do Código dos Valores Mobiliários, alterado pelo Decreto-Lei 56/2021.

propriedade intelectual, que importam que a matéria esteja regulada de forma minuciosa na estrutura contratual subjacente. Sem prejuízo, da perspetiva financeira não são, em princípio, regulados.

Do ponto de vista do Código dos Valores Mobiliários, os *NFTs*, dada a sua natureza não fungível, não apresentam em comparabilidade funcional com valores mobiliários, não criando uma obrigação de conduta por parte do emitente, nem constituindo direitos contra o emitente, como a garantia de um benefício contra o pagamento como juros ou dividendos. A necessidade de um regime *sui generis* ditado pela não fungibilidade é bem patente na proposta de redação sobre o Regulamento MiCA da Comissão dos Assuntos Económicos e Monetários do Parlamento Europeu, de 17 de março deste ano.

Do ponto de vista do branqueamento de capitais, em princípio os *NFTs* não apresentam também riscos idênticos a outros cripto-ativos, uma vez que as mais das vezes não são usadas como meio de pagamento ou troca, nem são um investimento no sentido que lhe é dado no Código de Valores Mobiliários. Acresce que não têm uma liquidez comparável com outros instrumentos. Esta é a posição atual da FATF[11] que determina que os *NFTs* não estão cobertos pela legislação AML salvo se usados como meio de pagamento ou para fins de investimento na prática, estando sujeito a uma análise casuística, e do regulador português[12].

Sem prejuízo sempre se dirá que considerando a diversidade de ativos importa uma análise caso a caso para que se avalie se o ativo em causa é coberto por alguma das definições acima descritas.

Assim, a utilização de *NFTs* em estruturas de financiamento colaborativo, através de *crowdfunding* ou outra, não gera por si, regra geral, questões regulatórias.

---

[11] Tal como orientações disponíveis em https://www.fatf-gafi.org/publications/fatfrecommendations/documents/guidance-rba-virtual-assets-2021.html

[12] Conforme entrevista ao Jornal de Negócios de Maio de 2021, disponível https://www.jornaldenegocios.pt/mercados/detalhe/transacao-de-nft-e-feita-no-angulo-morto-da-regulacao.

Técnicas de Negociação | Resolução de conflitos | Mediação | Conciliação | Arbitragem *Fast Track*

ANDRÉ PEREIRA DA FONSECA
TERESA ANSELMO VAZ

1. Principais caraterísticas da arbitragem como forma de composição de litígios

a. *Em que consiste*

A arbitragem voluntária[1] é uma forma de resolução de conflitos fora da égide estadual, de natureza essencialmente privada, embora as decisões do tribunal arbitral ou do árbitro único, consoante o caso, possam ser sujeitas a anulação pelos tribunais estaduais (ou objeto de recurso para os tribunais estaduais, se as partes tiverem acordado nessa possibilidade). Ou seja, a arbitragem voluntária não deixa de ser suscetível de ser objeto de escrutínio judicial, menos ou mais alargado.

Para que um litígio possa ser submetido a arbitragem é necessário acordo das partes nesse sentido (por isso a arbitragem é voluntária). Esse acordo pode ser prévio ao litígio, referindo-se a litígios futuros eventuais, ou ser contemporâneo do próprio litígio – para um litígio específico, concreto e já existente.

O acordo de arbitragem deve ser assinado pelas partes nela intervenientes, podendo constar de um contrato propriamente dito, ou de uma simples de troca de cartas ou de formas eletrónicas de comunicação, desde que se prove que houve aceitação das partes a esta forma de resolução de conflitos.

---

[1] Regulada pela Lei n.º 63/2011, de 14 de dezembro (Lei da Arbitragem Voluntária).

As formas eletrónicas de comunicação incluem as que se veiculam através de suporte eletrónico, ótico, magnético ou qualquer tipo de suporte que apresente garantias de fidedignidade, inteligibilidade e conservação.

As arbitragens dizem-se "institucionalizadas" quando são organizadas e geridas por centros de arbitragem constituídos para esse fim[2], os quais têm de ser aprovados a nível governamental em Portugal, e serão "ad-hoc" se funcionarem autonomamente, sem dependência ou apoio de um centro de arbitragem.

Por outro lado, podem ser nacionais ou internacionais, neste último caso quando envolvam interesses do comércio internacional, por exemplo, quando uma das partes é uma entidade sediada num país fora de Portugal. As arbitragens internacionais também podem ser institucionalizadas ou "ad-hoc".

b. *Vantagens face aos tribunais judiciais*

As principais vantagens que podem ser apontadas face aos tribunais estaduais são (i) a maior celeridade, (ii) a confidencialidade, (iii) a possibilidade de escolha pelas partes de quem vai decidir um determinado litígio, sobretudo quando estejam em causa especiais conhecimentos, técnicos ou jurídicos e (iv) a suscetibilidade de as partes contribuírem também para a fixação das regras do processo arbitral.

Quanto à celeridade, ainda que um processo arbitral possa revestir alguma complexidade, o certo é que mesmo nesse caso a decisão final é obtida num prazo mais rápido do que uma decisão de um tribunal estadual, desde logo porque no primeiro caso existe um prazo definido na lei (ou pelo regulamento do centro, se a arbitragem for institucionalizada, e for mais curto).

No que respeita à confidencialidade, enquanto os processos que correm nos tribunais estaduais podem ser consultados por qualquer pessoa (embora existam algumas limitações), sendo as audiências judiciais

---

[2] Por exemplo, o Centro de Arbitragem, Comercial, da Associação Comercial e Industrial de Lisboa, o Centro Concórdia, citando apenas alguns nacionais, e ICC (*International Chamber of Commerce*), LCIA (*London Court of International Arbitration*), para alguns centros internacionais.

públicas, o procedimento arbitral assume a natureza de confidencial, sendo a consulta do mesmo limitada aos respetivos intervenientes (partes e tribunal e, eventualmente, a secretaria do tribunal arbitral, quando se tratar de uma arbitragem institucionalizada). As audiências também não são públicas, apenas podendo a ela assistir e estar presentes os respetivos intervenientes.

É certo que se a decisão final de um processo arbitral for objeto de ação de anulação, nos termos e prazos legais, de recurso quando as partes tiverem nisso acordado ou for objeto de execução, porque não foi cumprida voluntariamente pela parte vencida, tais processos já correm junto dos tribunais estaduais onde será possível a sua consulta, nos termos acima. Não obstante, o princípio da confidencialidade norteia o processo arbitral, deste o seu início até à decisão, impondo-se a todos os intervenientes.

O direito de escolha pelas partes de quem vai decidir o seu caso é um direito que não assiste às partes nos litígios que devem correr nos tribunais estaduais. Tal direito de escolha não afeta a independência e imparcialidade dos árbitros que compuserem o tribunal arbitral, uma vez que observância da independência e imparcialidade é um dever que se impõe legalmente aos membros do tribunal arbitral.

Por último, as partes podem, quer no acordo de arbitragem, quer em conjunto com o tribunal arbitral, determinar algumas das regras do procedimento arbitral, nomeadamente no tocante ao idioma da arbitragem, o local da sede do tribunal arbitral, os prazos para apresentação das suas peças processuais e as datas para a realização de audiência, se a ela houver lugar.

c. *Tipologia das situações contratuais em que pode ser prevista*

Quase todos os contratos são suscetíveis de inclusão de uma cláusula arbitral (o mesmo se aplica a quase todos os litígios de origem contratual). Podem ser incluídas cláusulas arbitrais em contratos de associação ou "joint-venture", em contratos comerciais (de distribuição, fornecimento, agência, franchising ou outros), em contratos de investimento, incluindo contratos de financiamento, nos acordos parassociais (entre os sócios de uma sociedade comercial) e, inclusivamente, nos estatutos de uma sociedade comercial.

d. *Limitações*

O facto de o recurso a arbitragem, como forma de resolução de litígios, poder ser previsto ou aplicável a uma panóplia vasta de contratos, não significa que todos os litígios possam ser submetidos a arbitragem voluntária. Para que tal suceda, tais litígios devem dizer respeito a interesses de natureza patrimonial, ou seja, que possam ser avaliáveis em dinheiro, ou não envolvendo interesses patrimoniais, digam respeito a direitos de que as partes podem dispor (dito de outra forma, que não se tratem de direitos irrenunciáveis).

Por outro lado, quando esteja envolvido o Estado e pessoas coletivas de direito público, a arbitragem só é possível de ser convencionada se estiverem autorizadas por lei ou se o litígio em questão disser respeito a litígios de direito privado.

Porque os árbitros não dispõem de poderes de autoridade "jus imperii" existem também certos tipos de litígios que caiem fora da sua alçada, pois que não podem impor medidas coercitivas – no entanto, só caso a caso é possível determinar este tipo de situações.

2. Arbitragem rápida

a. *Vantagens face à arbitragem em geral*

A arbitragem rápida consiste numa forma optativa de arbitragem voluntária que procura reduzir a complexidade do processo arbitral e diminuir o período de tramitação. Tal é conseguido através do estabelecimento de prazos processuais mais curtos, de colégios arbitrais reduzidos (em regra compostos apenas por um árbitro), da redução do número de articulados escritos e da respetiva extensão, limitação das diligências probatórias, o que consequentemente, leva a uma diminuição dos custos processuais. Assim, em súmula, as principais vantagens da arbitragem rápida consistem em as partes poderem fazer uso de um processo mais célere, simples e económico.

Este tipo de arbitragem é tipicamente usada no contexto de disputas em que estejam em causa direitos que apresentem um valor patrimonial reduzido[3] e cuja configuração factual e probatória não exija uma tramitação processual especialmente intrincada[4], e também, em casos nos quais as partes tenham necessidade de obter uma decisão necessariamente rápida[5].

b. *Onde se encontra regulada*

O processo de arbitragem rápida não se encontra expressamente previsto na Lei de Arbitragem Voluntária. Assim, ou as partes, no acordo arbitral:

(i) estabeleceram que o processo arbitral seja regulado pelo regulamento específico de arbitragem rápida de um centro de arbitragem institucionalizada; ou
(ii) regularam o próprio procedimento arbitral com recurso a mecanismos de arbitragem rápida.

Para além disso, podem as partes, em sede de arbitragem não institucionalizada ou "ad-hoc", estabelecer, juntamente com o tribunal arbitral, algumas regras de procedimento compatíveis com uma arbitragem rápida.

Refira-se que a solução da arbitragem rápida tem vindo a ganhar popularidade crescente e a ser progressivamente adotada por diversas instituições arbitrais a nível internacional, incluindo a Associação Americana de

[3] Apesar de não existir genericamente um valor abaixo do qual se possa recomendar fazer uso da arbitragem rápida, o Regulamento de Arbitragem Rápida do Centro de Arbitragem Comercial da Câmara do Comércio e Indústria Portuguesa estabelece tal valor em processos de montante igual ou inferior a € 400.000,00 (quatrocentos mil euros).

[4] Ex.: processos em que as questões centrais a debater sejam questões de Direito e não de facto.

[5] Ex.: pequenas disputas relacionadas com empreitadas.

Arbitragem, a Câmara do Comércio de Estocolmo, o Centro de Arbitragem Internacional de Hong Kong, o Centro de Arbitragem Internacional de Singapura, a Câmara do Comércio Internacional e o Centro de Arbitragem Comercial da Câmara do Comércio e Indústria Portuguesa, o qual oferece às partes um regulamento com regras detalhadas no que respeita à tramitação de processos sob a forma de arbitragem rápida[6].

c. *Principais traços distintivos*

i. Início do processo e composição do tribunal arbitral

O processo inicia-se tipicamente com a apresentação de um requerimento inicial de arbitragem no qual a parte demandante deve: a) juntar a convenção de arbitragem ou submeter uma proposta dirigida à parte contrária para efeitos da sua celebração; b) identificar as partes; c) descrever todos os factos relevantes para a resolução do litígio; d) indicar o pedido que pretende fazer ao tribunal e o respetivo valor; e) juntar os documentos destinados a fazer prova dos factos alegados; f) indicar as testemunhas que pretende apresentar; g) referir quaisquer outras circunstâncias que considere relevantes para a disputa.

Subsequentemente, a parte demandada poderá apresentar a sua resposta, devendo:

a) Tomar posição sobre o litígio em questão e sobre o pedido deduzido pela parte demandante; b) juntar os documentos destinados a fazer prova dos factos alegados; c) indicar as testemunhas que pretende apresentar; d) referir quaisquer outras circunstâncias que considere relevantes para a resolução do caso.

Destaque-se também que na arbitragem rápida, é frequente que o número de páginas de cada articulado escrito seja sujeito a um determinado limite[7].

---

[6] O regulamento foi adotado em 2016 e revisto em Abril de 2021. Encontra-se disponível em: https://www.centrodearbitragem.pt/images/pdfs/Legislacao_e_Regulamentos/1abr2021%20Regulamento%20de%20Arbitragem%20Rpida.pdf

[7] Com efeito, o Regulamento de Arbitragem Rápida do Centro de Arbitragem Comercial da

Por seu turno, o tribunal arbitral é tipicamente constituído por um árbitro único, o qual é nomeado por acordo das partes, podendo a parte demandante, logo no seu requerimento inicial, apresentar a sua proposta. A designação do árbitro único também ser efetuada por uma entidade terceira a quem as partes tenham cometido essa função, a qual normalmente é um órgão da instituição arbitral que tenha porventura sido escolhida pelas partes (por ex.: o presidente da instituição).[8] A solução do árbitro único visa reduzir os custos processuais uma vez que é menos dispendiosa do que a solução do colégio arbitral composto por três árbitros, a qual é comummente utilizada em sede de arbitragem normal.

Destaque-se também que enquanto na arbitragem em geral esta fase inicial é, em regra, seguida de uma nova fase de articulados em que as partes expõem o seu caso de uma forma mais aprofundada e com apresentação de prova documental mais extensa, na arbitragem rápida a tramitação processual normalmente não inclui tal segunda fase, o que, consequentemente, reduz substancialmente a complexidade do processo e o prazo de tramitação.

ii. Prazos típicos

Conforme *supra* referido, a arbitragem rápida apresenta tipicamente prazos mais curtos do que a arbitragem normal. Tal visa proporcionar às partes um processo célere com vista a colocar um fim rápido ao diferendo que as opõe.

Os prazos mais reduzidos podem revelar-se em diversas fases do processo arbitral e dependem das regras escolhidas. Não obstante, baseando-nos no paradigma do Regulamento de Arbitragem do Centro de Arbitragem Comercial, podemos observar as seguintes diferenças principais:

Câmara de Comércio e Indústria Portuguesa determina expressamente que o Requerimento de Arbitragem e a respetiva resposta não podem exceder 35 páginas cada um (Artigos 8.º, n.º 2 e 9.º, n.º 2).

[8] Caso as partes não tenham escolhido quaisquer regras institucionais de arbitragem ou qualquer entidade nomeação quem seja cometida a nomeação do árbitro único, na falta de acordo a designação terá ser requerida ao Tribunal da Relação em cujo distrito se situe o lugar de arbitragem (Artigo 59.º, n.º 1, alínea a) da Lei de Arbitragem Voluntária).

Ato Processual	Arbitragem em Geral	Arbitragem Rápida
Prazo de Resposta ao Requerimento de Arbitragem	30 dias	20 dias
Prazo Supletivo para a prática de atos	10 dias	5 dias
Prazo para o tribunal proferir sentença (após conclusão da instrução)	2 meses	30 dias
Prazo global para a conclusão do processo	12 meses	6 meses

iii. Audiências e prova

Conforme mencionado, é normal que o número de audiências (e as diligências probatórias) em sede de arbitragem rápida seja mais reduzido quando comparando com a arbitragem normal.

Sem prejuízo, dependendo das circunstâncias do caso concreto e se o tribunal arbitral assim entenda conveniente, poderá convocar as partes para efeitos de uma audiência preparatória com vista a definir as principais questões a decidir, o calendário processual, o valor da arbitragem e as demais diligências de prova que serão produzidas até final. Destaque-se, também, que no âmbito dessa audiência prévia (ou em momento anterior) as partes podem inclusivamente definir que o processo prosseguirá apenas com base em prova documental, ou seja, sem produção de qualquer prova oral em sede de audiência. Esta é uma solução que tem vindo a ganhar popularidade no contexto de arbitragens internacionais, as quais tipicamente conferem uma importância preponderante à produção de prova documental.

No entanto, caso haja efetivamente lugar à produção de prova oral, deverá seguir-se uma audiência final na qual a prova é produzida perante o tribunal arbitral. Neste contexto, o Regulamento de Arbitragem Rápida do Centro de Arbitragem Comercial determina que o tempo máximo disponível para a produção de prova não poderá exceder vinte horas no total (respeitando o princípio da igualdade)[9]. Em contraste, nem o Regu-

[9] Cf. Artigo 12.º, n.º 2, alínea f).

lamento de Arbitragem geral daquele Centro, nem a Lei de Arbitragem Voluntária, determinam qualquer limite de tempo, apesar de o tribunal arbitral assim o poder determinar, caso entenda conveniente (e depois de ouvidas as partes)[10]. A acrescer, também o número de testemunhas pode ser limitado. Com efeito, o Regulamento de Arbitragem Rápida do Centro de Arbitragem Comercial determina que cada parte deve apresentar um máximo de cinco testemunhas cada uma, sendo que, caso seja deduzida reconvenção[11], esse limite será aumentado para o dobro. Neste contexto, é importante também referir que, fruto do legado da pandemia de Covid-19, os meios de comunicação através de videoconferência são cada vez mais utilizados para efeitos de inquirição. Tal sucede tanto em sede de arbitragem geral como em arbitragem rápida. Este fator tem também ajudado a diminuir o tempo de tramitação processual bem como os custos processuais inerentes.

A acrescer, refira-se que apesar de os objetivos da arbitragem rápida serem a celeridade e a simplicidade, a prova pericial não está necessariamente excluída, podendo qualquer uma das partes[12] designar um perito com vista a fazer prova dos factos alegados. Esta solução é normalmente adotada pelas partes quando estejam em causa questões de natureza particularmente técnica que requeiram uma apreciação especializada.

Uma vez completada a fase de produção de prova, as partes apresentam as suas alegações finais no que diz respeito à fixação da matéria de facto e à aplicação das regras de Direito que estejam em discussão. Neste contexto o tribunal arbitral poderá, se assim considerar útil, restringir as alegações finais a questões específicas, limitar o tempo de alegação oral e/ou limitar a extensão das alegações escritas[13].

---

[10] Cf. Artigo 29.º, n.º 3, alínea e).

[11] Uma reconvenção é uma "contra-ação" apresentada pela parte demandada contra a parte demandante na sua contestação e enxertada no próprio procedimento arbitral.

[12] Ou mesmo o tribunal arbitral, dado que tal faculdade lhe é também permitida pela Lei da Arbitragem Voluntária, quando estão em causa questões de complexidade técnica especializada.

[13] O artigo 16.º, n.º 3 do Regulamento de Arbitragem Rápida do Centro de Arbitragem Comercial permite ao tribunal arbitral limitar o tempo de alegação oral a uma hora para cada parte, e também, limitar a extensão das alegações escritas a 35 páginas.

iv. Decisão e meios de reação

Após a conclusão da fase da produção da prova e apresentadas as alegações finais pelas partes, o tribunal arbitral profere a respetiva sentença. Conforme já *supra* referido, em sede de arbitragem rápida o prazo para o tribunal proferir sentença e o prazo global para efeitos de conclusão da arbitragem são substancialmente mais curtos do que em sede de arbitragem rápida. Por outro lado, note-se que as partes podem inclusivamente dispensar o tribunal arbitral da fundamentação da sentença[14], o que poderá encurtar ainda mais o respetivo prazo. Contudo, para este efeito, deverá haver um acordo expresso das partes nesse sentido.

Contrariamente a uma típica sentença judicial, uma sentença arbitral não é, por regra, suscetível de recurso de mérito. Tal sucede tanto em sede de arbitragem geral como em arbitragem rápida. Ou seja, as partes não poderão recorrer para os tribunais judiciais da factualidade fixada ou do Direito aplicado pelo tribunal arbitral. As partes poderão unicamente fazer uso do chamado "*Pedido de Anulação*" o qual consiste numa forma de impugnação da sentença arbitral submetida junto dos tribunais judiciais comuns mas cujos fundamentos se reportam a questões processuais, tais como, questões de incapacidade das partes, invalidade da convenção de arbitragem, violação de princípios fundamentais de "*due process*", omissão/excesso de pronúncia, irregularidades na composição do tribunal arbitral, irregularidades formais na sentença, ultrapassagem do prazo global de conclusão da arbitragem, impossibilidade de decisão da questão em causa através de arbitragem, ou violação dos princípios da ordem pública internacional do Estado Português[15].

v. Custos

Os custos de um processo são obviamente um fator fundamental para as partes tomarem a sua decisão sobre qual a forma processual que pretendem seguir para resolver os seus diferendos.

---

[14] Artigo 42.º, n.º 3 da Lei de Arbitragem Voluntária.

[15] Artigo 46.º da Lei de Arbitragem Voluntária.

Em sede de arbitragem tais custos consistem fundamentalmente nos honorários dos árbitros e nos encargos/despesas conexos com o processo, como por ex., o pagamento dos honorários de um secretário que tenha sido designado para coadjuvar o trabalho do colégio arbitral (sobretudo em arbitragem "ad-hoc"), despesas referentes à utilização de salas de audiência, despesas relacionadas com a produção de prova (gravações, transcrições, etc.), deslocações dos membros do colégio arbitral, etc.

Ora, conforme mencionado, a arbitragem rápida tende a ser menos dispendiosa do que a arbitragem normal. Com efeito, fazendo uma comparação com base nas regras e na experiência de arbitragem rápida do Centro de Arbitragem Comercial, é possível extrairmos o seguinte quadro[16]:

Valor do litígio	Custos Processuais Arbitragem em Geral	Custos Processuais Arbitragem Rápida
€ 100.000,00	€ 12.730,50	€ 9.858,45
€ 200.000,00	€ 20.295,00	€ 15.534,90
€ 300.000,00	€ 25.362,60	€ 18.376,20
€ 400.000,00	€ 28.486,80	€ 21.217,50
€ 500.000,00	€ 31.611,00	€ 24.058,80

3. Conclusão

Concluindo, a arbitragem rápida oferece às partes diversos mecanismos processuais que permitem a tramitação de uma arbitragem de uma forma mais célere e menos dispendiosa, podendo ser uma solução eficiente no contexto de disputas que não sejam particularmente complexas e que tenham um valor relativamente baixo.

No contexto de empresas "*startups*" que vivem tipicamente num ambiente de constante criação, desenvolvimento e inovação, e não num

[16] Dados extraídos do simulador de custos disponível no website do Centro de Arbitragem Comercial da Câmara de Comércio e Indústria Portuguesa – https://www.centrodearbitragem.pt/index.php?option=com_content&view=article&id=11&Itemid=112&lang=pt

ambiente litigioso, esta pode ser assim uma ferramenta particularmente útil com vista a permitir que as empresas ultrapassem os seus diferendos de uma forma rápida, informal e com custos mais reduzidos com vista a poderem continuar com os seus "*business affairs*" regulares.

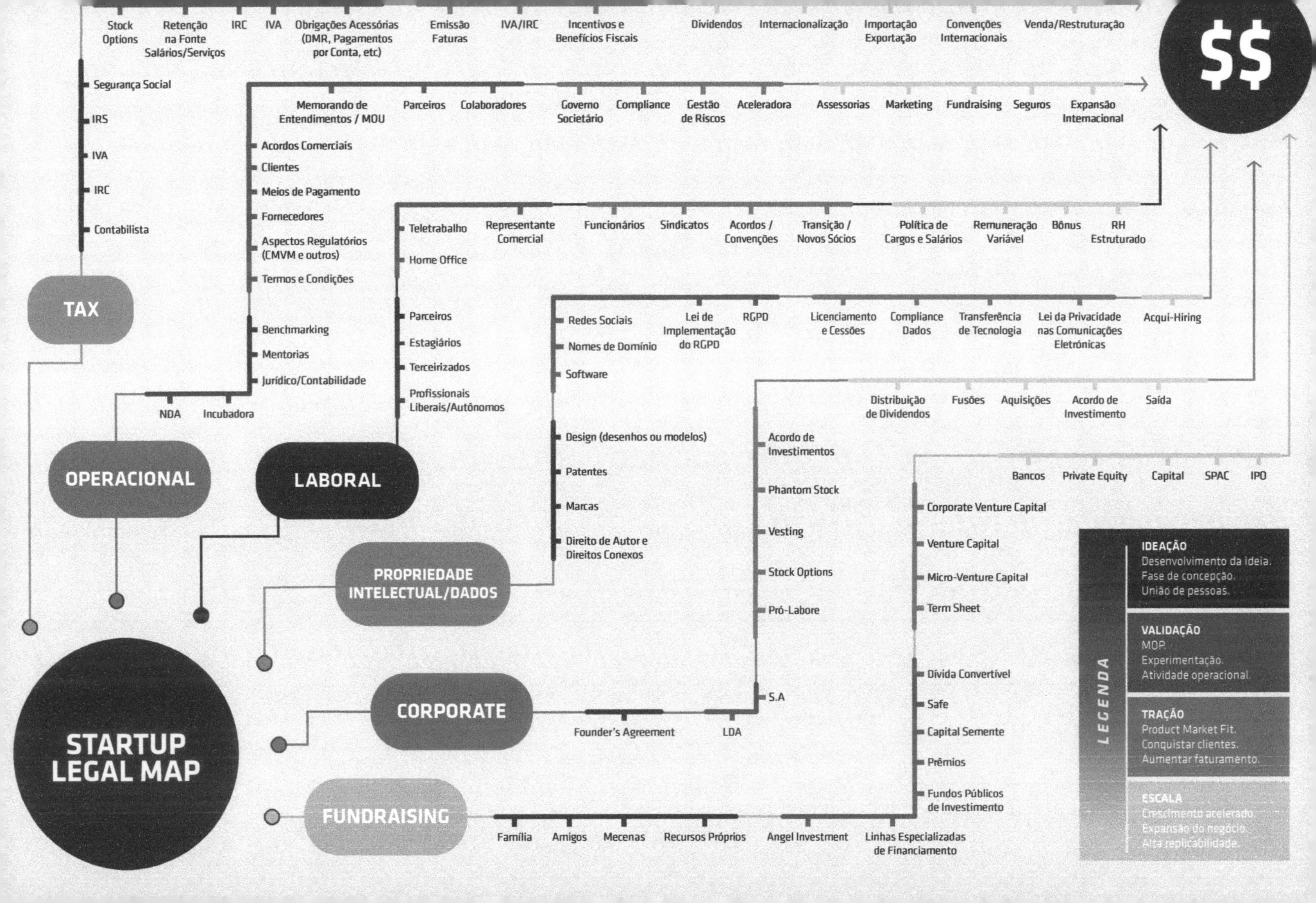
STARTUP LEGAL MAP
TAX
Segurança Social
IRS
IVA
IRC
Contabilista
Stock Options
Retenção na Fonte Salários/Serviços
IRC
IVA
Obrigações Acessórias (DMR, Pagamentos por Conta, etc)
Emissão Faturas
IVA/IRC
Incentivos e Benefícios Fiscais
Dividendos
Internacionalização
Importação Exportação
Convenções Internacionais
Venda/Restruturação
OPERACIONAL
NDA
Incubadora
Benchmarking
Mentorias
Jurídico/Contabilidade
Acordos Comerciais
Clientes
Meios de Pagamento
Fornecedores
Aspectos Regulatórios (CMVM e outros)
Termos e Condições
Memorando de Entendimentos / MOU
Parceiros
Colaboradores
Governo Societário
Compliance
Gestão de Riscos
Aceleradora
Assessorias
Marketing
Fundraising
Seguros
Expansão Internacional
LABORAL
Parceiros
Estagiários
Terceirizados
Profissionais Liberais/Autônomos
Teletrabalho
Home Office
Representante Comercial
Funcionários
Sindicatos
Acordos / Convenções
Transição / Novos Sócios
Política de Cargos e Salários
Remuneração Variável
Bônus
RH Estruturado
PROPRIEDADE INTELECTUAL/DADOS
Design (desenhos ou modelos)
Patentes
Marcas
Direito de Autor e Direitos Conexos
Redes Sociais
Nomes de Domínio
Software
Lei de Implementação do RGPD
RGPD
Licenciamento e Cessões
Compliance Dados
Transferência de Tecnologia
Lei da Privacidade nas Comunicações Eletrónicas
Acqui-Hiring
CORPORATE
Founder's Agreement
LDA
S.A
Acordo de Investimentos
Phantom Stock
Vesting
Stock Options
Pró-Labore
Distribuição de Dividendos
Fusões
Aquisições
Acordo de Investimento
Saída
FUNDRAISING
Família
Amigos
Mecenas
Recursos Próprios
Angel Investment
Linhas Especializadas de Financiamento
Fundos Públicos de Investimento
Prêmios
Capital Semente
Safe
Dívida Convertível
Term Sheet
Micro-Venture Capital
Venture Capital
Corporate Venture Capital
Bancos
Private Equity
Capital
SPAC
IPO
$$
LEGENDA
IDEAÇÃO
Desenvolvimento da ideia.
Fase de concepção.
União de pessoas.
VALIDAÇÃO
MOP.
Experimentação.
Atividade operacional.
TRAÇÃO
Product Market Fit.
Conquistar clientes.
Aumentar faturamento.
ESCALA
Crescimento acelerado.
Expansão do negócio.
Alta replicabilidade.

GLOSSÁRIO

A

ACELERADORA DE STARTUPS

Como diz o nome, uma aceleradora de startup tem como objetivo acelerar o crescimento de uma startup. Estas organizações têm como fim encontrar negócios promissores, e em seguida apoiam os seus fundadores a consolidarem as suas ideias e estabelecerem os seus negócios no mercado. Geralmente, uma aceleradora torna-se sócia minoritária da startup e ajuda o negócio a ganhar forma e consolidar-se no mercado.

APORTE

Aporte ou Contribuição é outra denominação utilizada para descrever um investimento feito numa Sociedade. Uma contribuição financeira é um termo muito usado no meio societário. Geralmente ouve-se a afirmação: "aquela sociedade recebeu uma contribuição milionária".

B

B2B

Este termo refere-se ao ato de uma sociedade vender produtos ou serviços a outras empresas. O termo provém do inglês e tem como significado literal "de negócio para negócio (Business to Business – B2B)". Uma Sociedade que vende softwares, como a IBM, por exemplo, foca a sua força de vendas em celebrar contratos com outras Sociedades. Portanto, o modelo de vendas da IBM é B2B.

B2C

Uma Sociedade que tem foco no cliente final é conhecida por ter um regime de atividade de "Business to Consumer" ou B2C.

BOOTSTRAPPING

É um processo no qual o próprio investidor financia o projeto por si criado, não havendo a necessidade de investimento de capital externo. A única entrada sem ser a do próprio investidor é a dos primeiros clientes. Ou seja, Bootstrap significa desenvolver uma startup utilizando apenas recursos próprios, sem recorrer a investidores externos.

BREAK EVEN

É o ponto de equilíbrio. Chegar ao break even significa que a partir desse momento a sociedade deixa de perder dinheiro e passa a ganhar e/ou equilibrar o capital inicialmente investido. Neste ponto não há ganho nem perdas. O capital inicialmente investido já foi recuperado.

BURN RATE

É um sinónimo de fluxo de caixa negativo. É utilizado para apresentar a velocidade a que uma sociedade está a gastar o seu capital para financiar as despesas gerais antes de gerar um fluxo de caixa positivo. Existem dois tipos de Burn Rate: o bruto, que é a despesa total da sociedade num mês; e o líquido – mais utilizado – que é o valor perdido num determinado período. Exemplificando, uma Sociedade tinha $ 1 mil em caixa no dia 1º de janeiro e, após cinco meses, a 1º de junho, sobraram $ 500 mil na conta bancária. O Burn Rate, portanto, é de ($ 1mi – $ 500 mil)/5, ou de $ 100 mil por mês.

BUSINESS MODEL CANVAS

Geralmente utilizado na fase inicial de planejamento do negócio. Utilizado para definir o modelo de negócio a ser seguido. O "business model" apresenta as técnicas de interação que a startup irá utilizar para comunicar com os principais parceiros, as principais atividades, os recursos-chave, valor proposição, relação com clientes, canais de mercado, segmentos de clientes, estrutura de custos e receitas.

BUSINESS PLAN

É o plano de negócio da sociedade. Este documento deve conter os dados da sociedade e dos seus integrantes, bem como: a descrição do produto/serviço que a sociedade oferece, a análises de mercado feita pela sociedade, a sua estratégias de vendas, marketing e etc. O business plan também pode ser usado para apresentar a sociedade aos investidores.

BUY BACK

Quando uma sociedade é recomprada pelo fundador.

C

CAP TABLE
A tabela de capitalização tende a mostrar a participação dos acionistas na Sociedade. Traduzindo de uma forma clara, o termo abreviado é proveniente de capitalization table é uma simples tabela onde estão descritos quem são os acionistas de uma sociedade, detalhando qual é a participação real de cada um destes sócios na Sociedade. A cap table é bastante utilizada por startup's que procuram manter-se organizadas e financeiramente saudáveis.

CAPITAL SOCIAL
O Capital social refere-se aos montantes de entrada, dos sócios ou acionistas, para o início da atividade. É uma cifra numérica, de valor constante, em dinheiro, expressa na moeda corrente.

CO-INVESTIMENTO
Um grupo de investidores que, em conjunto, partilhar os benefícios e os riscos de investir numa Sociedade. Este tipo de investimento é muito comum no ramo imobiliário, expandindo-se também para negócios em fase inicial, como startups.

COWORKING
Espaço ou local partilhado por profissionais de áreas e negócios diferentes, onde se incentiva a troca de ideias e experiências entre os presentes.

D

DEAL BREAKER
Fator ou problema que impede ou acaba com uma negociação em fase avançada.

DUE DILIGENCE
É a fase onde as startups e os seus projetos são analisados pelas Aceleradoras de Startups ou por possíveis investidores que determinam se vale a pena o investimento. É um processo de investigação e auditoria das informações da Sociedade e é fundamental para confirmar os dados disponibilizados aos potenciais compradores ou investidores.

DRAG ALONG
É uma cláusula que exige que os sócios minoritários vendam suas ações quando o sócio maioritário o faz. O objetivo é fazer com que o comprador adquira 100% da Sociedade.

E

EARLY STAGE FINANCING

É o primeiro financiamento que uma Sociedade recebe, quando se encontra numa fase inicial, antes mesmo de ter clientes ou produtos.

ELEVATOR PITCH

Em português é conhecido como "conversa de elevador" é o que gera a imagem inicial de uma Sociedade. Pitch é o ato de vender ou apresentar um negócio ou uma ideia de forma que conquiste e gere interesse por parte do ouvinte. Já o "elevator pitch" refere-se ao facto de apresentar um negócio em menos de um minuto ou 30 segundos, que é o tempo de uma conversa no elevador. A sua abordagem tem que ser tão boa e instigante quanto uma rápida conversa.

"EMPRESAS UNICÓRNIO"

Quando falamos de unicórnios no mundo empresarial não nos estamos a referir ao animal fictício que tem a aparência de um cavalo. Neste caso, os "negócios unicórnio" são aqueles que têm um rápido crescimento destacando-se em pouco tempo.

F

FREEMIUM

É um modelo de negócio em que o produto ou serviço, tipicamente digital, é oferecido gratuitamente. A forma de monitorização é feita por meio de aquisição de funcionalidades ou recursos adicionais, caracterizando utilizadores "premium". Por isso a palavra faz referência à junção de duas palavras Free (que significa grátis) + Premium (que se refere a produtos de alta qualidade).

G

GROWTH HACKING

Trata-se do conjunto de práticas utilizadas por profissionais, normalmente por empresas digitais, que visam o crescimento acelerado do seu investimento. A palavra "growth" significa crescimento e o termo famoso "hacker" relaciona-se à pessoa que tem grande conhecimento na elaboração, programação e manutenção de sistemas informáticos. Especificamente, neste caso, domina mais a área de desenvolvimento e vendas de um produto ou serviço, fazendo com que a utilização pelo público seja feita de forma agradável, precisa, crescente e lucrativa. Ou seja, Growth Hacking visa o crescimento rápido e contínuo de uma startup.

GROWTH CAPITAL
É o investimento feito quando a sociedade já atingiu um estado mais maduro tendo já entrado no mercado e efetivamente já tem uma reputação junto dos consumidores. Este investimento serve para apoiar o crescimento das sociedades que já estão no mercado.

H

HURDLE RATE
É a taxa mínima de retorno que o investidor espera que um investimento seja considerado viável. A expressão tem ligação com a ideia de superar obstáculos (hurdles) que devem ser ultrapassados pelo investidor. A ideia é que a taxa mínima de retorno supere o investimento efetivo. Suponhamos que a hurdle rate é de 8%, um projeto calculado com um retorno superior a 10% já pode ser pensado ou projetado.

I

INVESTIDORES-ANJO (BUSINESS ANGELS)
Os investidores-anjo são investidores privados que investem financeiramente em startups. Os investidores-anjo investem de 5% a 10 % do seu património em novas sociedades. Além de oferecerem apoio financeiro, também partilham com as startup a sua experiência e conhecimento de mercado.

INCUBADORA
São locais com infraestruturas dotadas para que novas startups consigam desenvolver as suas ideias e projetos. Em geral estas incubadoras estão associadas a Universidades. A diferença entre incubadora e aceleradora de startups? As duas são organizações que visam ajudar investidores a criar e desenvolver as suas empresas. A principal diferença entre os dois é o modelo de negócio. Enquanto a aceleradora de startups é privada e tem fins lucrativos, a incubadora é mantida por instituições públicas e não visa o lucro.

IPO
Dá-se quando uma sociedade abre seu capital e entra na bolsa de valores. A Initial Public Offering (Oferta Pública Inicial, em inglês), ou IPO de uma sociedade é sem-

pre um passo importante. A sociedade distribui ações na bolsa de valores, permitindo aos acionistas adquirir partes consideráveis da sociedade. Deixa de pertencer a apenas um único sócio ou acionista (ou grupo) e passa a ter acionistas.

L

LEAN STARTUP

A palavra lean significa "enxuto" e quando se refere a uma startup relaciona-se com a estratégia ou método de encontrar, identificar e eliminar os desperdícios (tanto relacionados aos processos, validação do negócio e execução) a fim de que se chegue a um "modelo lean", ou seja, enxuto que reduza ou elimine gastos desnecessários. O investidor Eric Ries ficou famoso ao lançar o livro "The Lean Startup" que explica de forma detalhada um método que ensina a otimizar os resultados e pode ser aplicado às sociedades.

LOVE CAPITAL OU LOVE MONEY

É o investimento financeiro feito por familiares, amigos e etc. Quem investe ou cede o capital, normalmente, costuma fazer uma análise subjetiva – tendo em conta sentimentos – e não uma avaliação racional e objetiva.

M

MASH UP

Este termo surgiu na área musical para se referir a uma mistura de diferentes estilos musicais. Nos negócios, mash up significa combinar dois ou mais serviços ou produtos distintos para criar um novo.

MENTORES

Em geral são profissionais do mercado, investidores ou empresários que têm muita experiência em determinada área ou segmento do ramo e tentam passar esse conhecimento para as pessoas que estão a começar os seus negócios ou precisam de insights para aperfeiçoar um investimento.

MVP (MINIMUM VIABLE PRODUCT)

É um produto que é lançado no mercado numa versão alfa ou beta. Ao invés de serem lançados no estado final, são colocados à disposição do público, por meio de testes em muitos casos, a fim de obter feedbacks e analisar a aceitação dos consumidores antes de se chegar ao produto final. Este processo ajuda na validação do negócio.

N

NDA (NON-DISCLOSURE AGREEMENT)

É um acordo de confidencialidade. São contratos que as startups fazem com os seus credores/parceiros para estes aceitarem o sigilo da negociação/ideia que está a ser desenvolvida.

O

OUTSOURCING

É a terceirização de um posto de trabalho. Em geral os motivos para essa terceirização são: economia de custos e confiar a tarefa em trabalhadores mais especializados, permitindo uma flexibilidade para determinadas tarefas que são pontuais.

P

PRIVATE EQUITY

É um modelo de investimento de grande escala realizado por fundos visando sociedades que não têm ações na Bolsa de Valores. Semelhante ao venture capital, mas com maiores dimensões, o Private Equity normalmente é reconhecido como uma etapa posterior ao venture capital.

PITCH

Apresentação rápida e breve do negócio, produto ou de ideias aos investidores com o intuito de convencê-los a investir no negócio.

PIVOT

Pivot significa alterar o rumo da sociedade geralmente testando hipóteses, mantendo a base para não perder a posição já conquistada, mas visando uma nova área de atuação ou até mesmo um novo modelo de negócios. Esta estratégia de alterar o rumo de uma sociedade é utilizada depois de testar a viabilidade do negócio ou após uma mudança drástica no setor que afeta os resultados da sociedade ou até à procura por serviços ou produtos oferecidos.

R

ROUND OU RONDA

É o nome dado a uma ronda de investimento. O primeiro investimento é denominado de "Round A", o segundo é o "Round B" ou, em Portugal como "Ronda".

S

STARTUPS

É complexo definir uma startup. Uma definição comumente utilizada é a de uma empresa de base tecnológica, em fase inicial, à procura de um modelo de negócios repetível e escalável, trabalhando em condições de extrema incerteza.

SEED CAPITAL

É o investimento que é feito no início da criação de uma sociedade. Os valores investidos são menores e o risco nessa fase tende a ser bem maior.

SHAREHOLDER

Nome dado aos titulares de ações numa Sociedade.

SPIN-OFF

É a formação de um novo negócio com base em inovações ou produtos criados por uma Sociedade-mãe. Normalmente, os primeiros funcionários de uma spin-off trabalharam na Sociedade-mãe durante o desenvolvimento do projeto.

T

TERM SHEET

Uma Term Sheet é um documento, que mostra os termos e condições básicas de um investimento ainda nas suas fases iniciais.

V

VALOR DE MERCADO

Valor de uma sociedade, determinado na maioria das vezes por investidores, independentemente de estar em funcionamento ou não.

VENTURE CAPITAL

Conhecido como capital de risco, é um investimento feito em sociedade que estão em estado inicial, mas que têm alto potencial de crescimento. Os investidores – tradicionalmente na forma de sociedades – passam a ter participação societária no negócio. Com o capital, as startups estruturam as suas operações sem depender do fluxo de caixa, que geralmente é inexistente ou baixo nesta fase.

Fonte: ACE Startups

SOBRE OS AUTORES

ALEXANDRA COURELA

Sócia da Abreu Advogados. Co-coordenadora da Área de Prática de Direito Fiscal. Mestre em Direito pela London School of Economics. Pós-graduada em Fiscalidade pelo Instituto Superior de Gestão. Licenciada em Direito pela Universidade de Lisboa.

ANDRÉ ABRANTES NEVES

Advogado Estagiário na Abreu Advogados. Licenciado em Direito pela Universidade Católica Portuguesa, Lisboa.

ANDRÉ PEREIRA DA FONSECA

Sócio Contratado da Abreu Advogados. LL.M em International Dispute Resolution pela Queen Mary University of London. Pós-graduado em Direito do Trabalho pela Faculdade de Direito da Universidade de Lisboa. Licenciado em Direito pela Universidade de Lisboa.

ANTÓNIO ANDRADE

Sócio da Abreu Advogados. Co-coordenador da Área de Prática de Propriedade Intelectual e Tecnologias de Informação. Licenciado em Direito pela Universidade de Lisboa.

ARMANDO MARTINS FERREIRA

Sócio da Abreu Advogados. Co-coordenador da Área de Prática de Concorrência, Regulação e União Europeia. Especialista em Política da Concorrência pelo INA e em Estudos de Direito Europeu pelo SQTE. Pós-Graduado em Direito e Gestão pela Universidade Nova de Lisboa. Licenciado em Direito pela Universidade de Lisboa.

ASSUNÇÃO VASSALO
Associada Sénior da Abreu Advogados. Pós-Graduada em Contencioso Empresarial pela Faculdade de Direito da Universidade de Lisboa e licenciada em Direito pela mesma Universidade.

CÉSAR BESSA MONTEIRO JR.
Sócio da Abreu Advogados. Pós-graduado em Propriedade Industrial pela Universidade Moderna e em Gestão e Direito Empresarial pela Universidade Nova de Lisboa. Licenciado em Direito pela Universidade de Lisboa.

DIOGO PEREIRA DUARTE
Sócio da Abreu Advogados. Co-coordenador da Área de Prática de Direito Financeiro. Professor de Direito Civil e Direito Financeiro na Faculdade de Direito de Lisboa. Doutor, Mestre e Licenciado em Direito pela Universidade de Lisboa.

HELDER GALVÃO
Consultor da Abreu Advogados. Professor na Escola de Direito da Fundação Getúlio Vargas, Rio de Janeiro, Brasil. Doutorando e Mestre pela Universidade Federal do Rio de Janeiro, em conjunto com a Faculdade de Direito da Universidade de Lisboa. Pós-graduado em Direito Civil pela Universidade do Estado do Rio de Janeiro. Licenciado pela Pontifícia Universidade Católica do Rio de Janeiro, Brasil.

HUGO TEIXEIRA
Sócio da Abreu Advogados. Mestre em Direito pelo Institute for Law and Finance – Goethe Universität, Frankfurt, Alemanha. Pós-graduado em Direito Comercial pela Universidade Católica Portuguesa e licenciado em Direito pela Universidade de Lisboa.

ISABEL PINHEIRO TORRES
Advogada Principal da Abreu Advogados. Mestre em International Financial Law pelo King's College London. Mestre em Direito da Empresa e dos Negócios pela Universidade Católica Portuguesa, Porto. Pós-graduada em Direito dos Valores Mobiliários pela Universidade Católica Portuguesa, Porto. Licenciada em Direito pela Universidade do Porto.

JOÃO DIOGO BARBOSA

Advogado Estagiário da Abreu Advogados. Mestrando em Direito e Gestão pela Universidade Nova de Lisboa. Licenciado em Direito pela Universidade do Porto.

JOSÉ MARIA ALVES PEREIRA

Associado Sénior da Abreu Advogados. Mestrando em Direito pela Faculdade de Direito da Universidade de Lisboa. Pós-graduado em Direito Intelectual e em Direito da Proteção de Dados pela Faculdade de Direito da Universidade de Lisboa e em Direito das Sociedades Abertas e do Mercado pela Universidade Católica Portuguesa. Licenciado pela Universidade Lusíada de Lisboa.

LUÍS BARRETO XAVIER

Consultor e Presidente do Instituto de Conhecimento da Abreu Advogados. Professor Convidado da Universidade Católica Portuguesa. Mestre e Licenciado em Direito pela Universidade Católica Portuguesa, Lisboa.

MADALENA CALDEIRA

Sócia Contratada da Abreu Advogados. Pós-graduada em Direito Comercial pela Universidade Católica Portuguesa e em Fiscalidade pelo Instituto Superior de Gestão. Licenciada em Direito pela Universidade Católica Portuguesa.

MANUEL DURÃES ROCHA

Sócio da Abreu Advogados. Co-coordenador da Área de Prática de Propriedade Intelectual e Tecnologias de Informação. Mestre em Direito da Propriedade Industrial e Concorrência pela Faculdade de Direito da Université Robert Schuman em Strasbourg, França. Licenciatura em Direito pela Universidade Lusíada de Lisboa.

MANUEL ANDRÉ MARTINS

Advogado Estagiário da Abreu Advogados. Mestrando em Direito Fiscal pela Universidade Católica Portuguesa, Lisboa. Licenciado em Direito pela Universidade Nova de Lisboa.

MARTA ROMANO DE CASTRO

Sócia da Abreu Advogados. Pós-graduada em Direito da Banca, da Bolsa e dos Seguros pela Faculdade de Direito da Universidade de Coimbra. Pós-graduada em Corporate Governance pela Faculdade de Direito da Universidade de Lisboa. Licenciada em Direito pela Universidade Católica Portuguesa.

PATRÍCIA PERESTRELO

Sócia Contratada da Abreu Advogados. Co-coordenadora da Área de Prática de Direito do Trabalho. Pós-graduada em Direito do Ordenamento, Urbanismo e Ambiente pela Faculdade de Direito da Universidade de Coimbra. Licenciatura em Direito pela Universidade de Lisboa.

PEDRO ALVES DA SILVA

Sócio da Abreu Advogados. Pós-graduado em Direito das Empresas pela Faculdade de Direito da Universidade de Coimbra. Licenciado em Direito pela Universidade de Lisboa.

RICARDO HENRIQUES

Sócio da Abreu Advogados. Co-coordenador da Área de Prática de Propriedade Intelectual e Tecnologias de Informação. LL.M em Direito da Concorrência pela Faculdade de Direito da Universidade Católica Portuguesa. Pós-graduado em Direito do Desporto Profissional pela Faculdade de Direito da Universidade de Coimbra. Pós-graduado em Direito da Sociedade da Informação – Direito de Autor, Internet e Comércio Eletrônico pela Faculdade de Direito da Universidade de Lisboa. Pós-graduado em Direito da Propriedade Intelectual pela Faculdade de Direito da Universidade Católica Portuguesa. Licenciado em Direito pela Universidade de Lisboa.

SIMÃO DE SANT´ANA

Sócio Contratado da Abreu Advogados. Pós-graduado em Direito do Trabalho pela Faculdade de Direito da Universidade Católica Portuguesa, Lisboa. Licenciado em Direito pela Faculdade de Direito da Universidade Lusíada de Lisboa.

SUSANA DUARTE

Advogada Principal da Abreu Advogados. Mestre em Direito da Empresa e dos Negócios pela Faculdade de Direito da Universidade Católica Portuguesa, Porto.

Pós-graduada em Direito Fiscal das Empresas pela Universidade de Coimbra. Licenciada em Direito pela Faculdade de Direito da Universidade Católica Portuguesa, Porto.

TERESA ANSELMO VAZ
Consultora da Abreu Advogados. Pós-graduada em Estudos Europeus pela Universidade Católica Portuguesa, Lisboa. Licenciada em Direito pela Faculdade de Direito da Universidade de Lisboa.

ÍNDICE